U0508472

杭州优秀传统文化丛书

Hangzhou Youxiu Chuantong Wenhua Congshu

驿站杨柳 码头风

考拉看看——编著

李开云 马 钊——执笔

杭州出版社

图书在版编目（CIP）数据

驿站杨柳码头风 / 考拉看看编著；李开云，马钊执笔．-- 杭州：杭州出版社，2021.12
（杭州优秀传统文化丛书）
ISBN 978-7-5565-1572-1

Ⅰ．①驿… Ⅱ．①考… ②李… ③马… Ⅲ．①驿站－文化史－杭州 ②码头－文化史－杭州 Ⅳ．① F512.9 ② F552.9

中国版本图书馆 CIP 数据核字（2021）第 169155 号

Yizhan Yangliu Matou Feng

驿站杨柳码头风

考拉看看 编著 李开云 马 钊 执笔

责任编辑 郑宇强
装帧设计 章雨洁
美术编辑 祁睿一
责任校对 魏红艳
责任印务 姚 霖
出版发行 杭州出版社（杭州市西湖文化广场32号6楼）
电话：0571-87997719 邮编：310014
网址：www.hzcbs.com
排　　版 浙江时代出版服务有限公司
印　　刷 天津画中画印刷有限公司
经　　销 新华书店
开　　本 710 mm × 1000 mm 1/16
印　　张 12
字　　数 147千
版 印 次 2021年12月第1版 2021年12月第1次印刷
书　　号 ISBN 978-7-5565-1572-1
定　　价 55.00元

序　言

文化是城市最高和最终的价值

我们所居住的城市，不仅是人类文明的成果，也是人们日常生活的家园。各个时期的文化遗产像一部部史书，记录着城市的沧桑岁月。唯有保留下这些具有特殊意义的文化遗产，才能使我们今后的文化创造具有不间断的基础支撑，也才能使我们今天和未来的生活更美好。

对于中华文明的认知，我们还处在一个不断提升认识的过程中。

过去，人们把中华文化理解成“黄河文化”“黄土地文化”。随着考古新发现和学界对中华文明起源研究的深入，人们发现，除了黄河文化之外，长江文化也是中华文化的重要源头。杭州是中国七大古都之一，也是七大古都中最南方的历史文化名城。杭州历时四年，出版一套“杭州优秀传统文化丛书”，挖掘和传播位于长江流域、中国最南方的古都文化经典，这是弘扬中华优秀传统文化的善举。通过图书这一载体，人们能够静静地品味古代流传下来的丰富文化，完善自己对山水、遗迹、书画、辞章、工艺、风俗、名人等文化类型的认知。读过相关的书后，再走进博物馆或观赏文化景观，看到的历史遗存，将是另一番面貌。

过去一直有人在质疑，中国只有三千年文明，何谈五千年文明史？事实上，我们的考古学家和历史学者一直在努力，不断发掘的有如满天星斗般的考古成果，实证了五千年文明。从东北的辽河流域到黄河、长江流域，特别是杭州良渚古城遗址以4300—5300年的历史，以夯土高台、合围城墙以及规模宏大的水利工程等史前遗迹的发现，系统实证了古国的概念和文明的诞生，使世人确信：这里是古代国家的起源，是重要的文明发祥地。我以前从来不发微博，发的第一篇微博，就是关于良渚古城遗址的内容，喜获很高的关注度。

我一直关注各地对文化遗产的保护情况。第一次去良渚遗址时，当时正在开展考古遗址保护规划的制订，遇到的最大难题是遗址区域内有很多乡镇企业和临时建筑，环境保护问题十分突出。后来再去良渚遗址，让我感到一次次震撼：那些“压”在遗址上面的单位和建筑物相继被迁移和清理，良渚遗址成为一座国家级考古遗址公园，成为让参观者流连忘返的地方，把深埋在地下的考古遗址用生动形象的“语言”展示出来，成为让普通观众能够看懂、让青少年学生也能喜欢上的中华文明圣地。当年杭州提出西湖申报世界文化遗产时，我认为是一项需要付出极大努力才能完成的任务。西湖位于蓬勃发展的大城市核心区域，西湖的特色是“三面云山一面城”，三面云山内不能出现任何侵害西湖文化景观的新建筑，做得到吗？十年申遗路，杭州市付出了极大的努力，今天无论是漫步苏堤、白堤，还是荡舟西湖里，都看不到任何一座不和谐的建筑，杭州做到了，西湖成功了。伴随着西湖申报世界文化遗产，杭州城市发展也坚定不移地从“西湖时代”迈向了“钱塘江时代”，气势磅礴地建起了杭州新城。

从文化景观到历史街区，从文物古迹到地方民居，众多文化遗产都是形成一座城市记忆的历史物证，也是一座城市文化价值的体现。杭州为了把地方传统文化这个大概念，变成一个社会民众易于掌握的清晰认识，将这套丛书概括为城史文化、山水文化、遗迹文化、辞章文化、艺术文化、工艺文化、风俗文化、起居文化、名人文化和思想文化十个系列。尽管这种概括还有可以探讨的地方，但也可以看作是一种务实之举，使市民百姓对地域文化的理解，有一个清晰完整、好读好记的载体。

传统文化和文化传统不是一个概念。传统文化背后蕴含的那些精神价值，才是文化传统。文化传统需要经过学者的研究提炼，将具有传承意义的传统文化提炼成文化传统。杭州在对丛书作者写作作了种种古为今用、古今观照的探讨交流的同时，还专门增加了“思想文化系列”，从杭州古代的商业理念、中医思想、教育观念、科技精神等方面，集中挖掘提炼产生于杭州古城历史中灵魂性的文化精粹。这样的安排，是对传统文化内容把握和传播方式的理性思考。

继承传统文化，有一个继承什么和怎样继承的问题。传统文化是百年乃至千年以前的历史遗存，这些遗存的价值，有的已经被现代社会抛弃，也有的需要在新的历史条件下适当转化，唯有把传统文化中这些永恒的基本价值继承下来，才能构成当代社会的文化基石和精神营养。这套丛书定位在“优秀传统文化”上，显然是注意到了这个问题的重要性。在尊重作者写作风格、梳理和讲好“杭州故事”的同时，通过系列专家组、文艺评论组、综合评审组和编辑部、编委会多层面研读，和作者虚心交流，努力去粗取精，古为今用，这种对文化建设工作的敬畏和温情，值得推崇。

人民群众才是传统文化的真正主人。百年以来，中华传统文化受到过几次大的冲击。弘扬优秀传统文化，需要文化人士投身其中，但唯有让大众乐于接受传统文化，文化人士的所有努力才有最终价值。有人说我爱讲“段子”，其实我是在讲故事，希望用生动的语言争取听众。今天我们更重要的使命，是把历史文化前世今生的故事讲给大家听，告诉人们古代文化与现实生活的关系。这套丛书为了达到“轻阅读、易传播”的效果，一改以文史专家为主作为写作团队的习惯做法，邀请省内外作家担任主创团队，组织文史专家、文艺评论家协助把关建言，用历史故事带出传统文化，以细腻的对话和情节蕴含文化传统，辅以音视频等其他传播方式，不失为让传统文化走进千家万户的有益尝试。

中华文化是建立于不同区域文化特质基础之上的。作为中国的文化古都，杭州文化传统中有很多中华文化的典型特征，例如，中国人的自然观主张“天人合一”，相信“人与天地万物为一体”。在古代杭州老百姓的认知里，由于生活在自然天成的山水美景中，由于风调雨顺带来了富庶江南，勤于劳作又使杭州人得以“有闲”，人们较早对自然生态有了独特的敬畏和珍爱的态度。他们爱惜自然之力，善于农作物轮作，注意让生产资料休养生息；珍惜生态之力，精于探索自然天成的生活方式，在烹饪、茶饮、中医、养生等方面做到了天人相通；怜惜劳作之力，长于边劳动，边休闲娱乐和进行民俗、艺术创作，做到生产和生活的和谐统一。如果说“天人合一”是古代思想家们的哲学信仰，那么“亲近山水，讲求品赏”，应该是古代杭州人的生动实践，并成为影响后世的生活理念。

再如，中华文化的另一个特点是不远征、不排外，这体现了它的包容性。儒学对佛学的包容态度也说明了这一点，对来自远方的思想能够宽容接纳。在我们国家的东西南北甚至是偏远地区，老百姓的好客和包容也司空见惯，对异风异俗有一种欣赏的态度。杭州自古以来气候温润、山水秀美的自然条件，以及交通便利、商贾云集的经济优势，使其成为一个人口流动频繁的城市。历史上经历的“永嘉之乱，衣冠南渡”，“安史之乱，流民南移”，特别是“靖康之变，宋廷南迁”，这三次北方人口大迁移，使杭州人对外来文化的包容度较高。自古以来，吴越文化、南宋文化和北方移民文化的浸润，特别是唐宋以后各地商人、各大商帮在杭州的聚集和活动，给杭州商业文化的发展提供了丰富营养，使杭州人既留恋杭州的好山好水，又能用一种相对超脱的眼光，关注和包容家乡之外的社会万象。这种古都文化，也代表了中华文化的包容性特征。

城市文化保护与城市对外开放并不矛盾，反而相辅相成。古今中外的城市，凡是能够吸引人们关注的，都得益于与其他文化的碰撞和交流。现代城市要在对外交往的发展中，进行长期和持久的文化再造，并在再造中创造新的文化。杭州这套丛书，在尽数杭州各色传统文化经典时，有心安排了“古代杭州与国内城市的交往”“古代杭州和国外城市的交往”两个选题，一个自古开放的城市形象，就在其中。

“杭州优秀传统文化丛书”在传统和现代的结合上，想了很多办法，做了很多努力，他们知道传统文化丛书要得到广大读者接受，不是件简单的事。我们已经走在现代化的路上，传统和现代的融合，不容易做好，需要扎扎实实地做，也需要非凡的创造力。因为，文化是城市功能的最高价值，也是城市功能的最终价值。从“功能城市”走向“文化城市”，就是这种质的飞跃的核心理念与终极目标。

单霁翔

2020 年 9 月

（单霁翔，中国文物学会会长）

湖山佳趣图（局部）

目　录

第三章

风流人物的杭州之行：佳话说不完

第一章

驿站码头，家国情怀的见证者

班荆馆：金国使者来京的国宾馆

陆游《入蜀记》："过赤岸班荆馆，小休前亭。班荆者，北使宿顿及赐燕之地，距临安三十六里。"

老友相逢，席地而坐就可叙旧

春秋时期，楚国有个大夫叫伍举，他和蔡国的声子是世交好友。

有一年，伍举的老丈人王子牟畏罪潜逃。其他人想到伍举和王子牟的关系，猜测是因为伍举提前通风报信，才让王子牟逃跑了。

伍举听到这些传言，心里非常害怕：这样的话要是传到楚王的耳中，我岂不是吃不了兜着走，说不定连小命都没了。

于是，他马上逃往隔壁的郑国避难。但是到了郑国后，伍举心想：郑国离楚国这么近，假如楚王派人来捉拿我，岂不是轻而易举？所以他在郑国屁股还没坐热，就决定逃往晋国。事不宜迟，他马上就接着赶路。

伍举刚走到郑国郊外的树林，突然迎面走来一人。他定睛一看，竟然是自己的好友声子！

“没想到在这里遇见你！”伍举兴奋地说道。

他乡偶遇多年未见的好友，声子与伍举都激动得无以言表。一番交谈后，伍举才知原来声子此行是要出使晋国，恰巧路过此地。

老友相见当然要好好叙旧。因郊外也没多余的布置，伍举和声子就将荆条铺设在道路上，席地而坐，拿出随身携带的食物边吃边聊。这个故事后来被称为“班荆相与食，而言复故”，用来形容老友相逢，不在意客套礼节，随便找地坐下就开始叙旧。

班荆馆之名便取自这个典故，只是它的前身应为唐时的上源驿，正式命名为班荆馆当在五代时期，记录见于《资治通鉴·后晋高祖天福二年》：“甲寅，敕斩彦饶于班荆馆。”那时，“班荆”二字仍流于表面，它的设定还不是风雅会友之地，只是一处设在汴州郊外的驿馆。

北宋时，班荆馆才承载起接待外国来使的重任，“班荆相与食，而言复故”的文化内涵也开始为宋大夫认可，无论是离京北去或从北方归来的宋朝大臣基本上都宿于班荆馆中。许多显宦名人也慕名而来，在这里广交朋友。

可就是这样一个接待各方宾朋的地方，到了南宋，在赵构的手里，却成了迎奉金国使臣的场所。倒霉的班荆馆和南宋一起被钉在了历史的耻辱柱上，可谁又知道它根本不想去背负这个巨大的黑锅。

临安十四日豪华之旅，极尽享受之能事

宋绍兴十一年（1141），和议成功后，南宋开始丧失

自我，丝毫没有往日大国的尊严。

为什么有这样的说法呢？因为印象中凡外国来使觐见我国某朝皇帝时，应当事先被安排在某处驿馆，待皇帝召见方可面圣。在等待的过程中，这些使臣全程诚惶诚恐，惴惴不安，生怕被揪住错处，影响两国邦交。

但南宋的这位高宗皇帝，愣是把“爱好和平”发挥到极致。他将金国来使招待到极致，在他们面前低声下气，就怕他们一个不高兴影响到当下的“良好”局面。

在绍兴和议后，金国使臣较以往变得更多。宋金交聘的常规是每年都有“正旦使”和“生辰使”两拨使臣，偶尔还会有来庆贺特别事件的庆贺使臣。这些使臣来宋除了“正经事”，更多的是勒索财物。照例，金国使臣朝见宋高宗前，要先在城外的班荆馆落脚。

此班荆馆早已不是汴京城外的班荆馆了。靖康之耻后，宋室南渡，历经波折才在临安停下脚步。因为怀念陷入敌营的故都，宋高宗赵构照搬了不少汴京旧名，就连临安城外新设的驿站也同样取名为“班荆馆”。

新设的班荆馆濒临赤岸河，位于今临平境内。南宋政府宣称，临平是离临安最近的小城，只要是北方来客，势必会在临平停宿，第二天再从班荆馆起身，顺势乘舟经赤岸河进城，这是来宾的最佳选择。

然而，赤岸河通高塘、横塘等河，虽交通方便，但距离临安足足有三十六里，若是为了方便使臣进宫面圣或者就近在街巷游览购物，为何要设在这么远的地方？其实这里头大有玄机。

南宋专门设有负责外交事务与接待的部门和官员，他们所掌管的国宾馆除了班荆馆，还有怀远驿与都亭驿。

怀远驿也是外国使者来京下榻之处，有“怀远以德”之意，它归属礼部，位于御街东面的怀远坊。与班荆馆相比，怀远驿距离大内可谓近在咫尺。另一个知名国宾馆——都亭驿，又称客省或四方馆，就在候潮门里，距离大内也不远。可见，南宋对待外来使臣有两套标准，怀远驿、都亭驿专用来接待友邦使节，而面对金国与后来蒙古派来的使臣，因其包藏狼子野心，则美其名曰让北方来客歇在下船处的班荆馆是体贴之举。

因为宋人生怕怠慢了金人，南宋政府就为金国使臣制定了一套形式完备、体验良好的礼仪体系。使臣从第一天到达临安至最后一天离开，每一日的行程都被安排得明明白白，享受的服务都是最好的。

清钱塘人符曾有诗说：“筵盏新从赤岸开，待他北使贺春来。传宣直到班荆馆，风药花饧赐得回。”[①]意思就是，南宋皇上不仅设宴款待使臣，还有许多其他赏赐。

南宋高宗年间来自金国的正旦使，根据《宋史·礼志》和《武林旧事》的记述，会有十四天的超值临安之旅。

使臣刚到班荆馆，相关部门就会命伴使去馆内赐宴，再由内侍向使臣传递来自宋高宗的亲切问候。此外，内侍还要代表宋高宗给各位使臣敬酒七次，以示尊重。随后，还会赏赐极其昂贵的御茶，一斤折合银钱三十两。当时的主要流通货币是铜钱，一两银子大约可换算成一千铜钱，而一个铜钱就可买到一个馒头或烧饼，足见这些御茶的贵重。

①厉鹗：《南宋杂事诗》，浙江人民美术出版社，2016年。

第二天，使臣可以乘船前往北廊的税亭品茶饮酒，歇息一会儿再骑马穿过余杭门（今杭州武林门一带）来到都亭驿（今杭州六部桥以南）。内侍将在这里再次传宣，赐赠礼品，其中包括被褥、银沙锣（古时一种打击乐器，行旅中也可当作洗漱器皿）。

第三天，负责礼仪的官员会来馆内交代朝见宋高宗的礼仪。

第四天，入宫朝见。陪伴金使的官员在南门外就要下马，而金使则可以到隔门内再下马。接下来他们会在紫宸殿朝拜宋高宗，结束后先到接待处休息，等待宋高宗和他们一起在垂拱殿吃饭。吃饭时金使还会收到来自宋高宗的五次敬酒。

同时，他们会得到大批赏赐。正副使者分别被赐予衣物各七样，价值二十两的乌纱帽和象牙手板，金带一条，靴一双，马一匹，鞍辔一副，加起来可以折算成五十两银子。还有五十面银沙锣，一百五十匹各色绫绢。其他人赏赐衣带银帛不等。除此之外还会赏赐祭祀用的牲畜，绫罗绢布等。

第五天，使臣由伴使陪同，前往天竺寺烧香。这天宋高宗的赏赐又是源源不断，乳糖、酒果应有尽有。使臣们烧完香还会去游览冷泉亭、呼猿洞等风景名胜。

第六天正好是除夕。宋高宗赏赐了许多酒果、风药和用麦芽糖做成的花式糖果给金国使臣，还准许他们参加宫里的守岁宴。这期间宋高宗又会向金使敬酒五次。同时内侍还将根据金国的习俗，为他们准备好祭祀用的傀儡。

第七天，新年的第一天，朝贺礼成，宋高宗派遣大臣亲自去使馆赏赐御宴。内侍再次传达宋高宗的亲切问候，其间敬酒九次。

第八天，年初二，无活动记载，大概类似于现在的自由行吧。

第九天，年初三，宋高宗在接待处赐宴，结束后一行人去浙江亭观潮。

第十天，年初四，为缓解使臣连日来游玩的辛苦，宋高宗特意在玉津园准备活动助兴，让大家一起饮酒射箭。此时会有几个神箭手被挑选为伴射，伴射是和正使射弓，而馆驿的官员则陪副使射弩，最后会把弓箭都赏赐给金使。

第十一天，初五，宋高宗在集英殿为金使举行盛大的宴会，尚书郎、监察御史以上的官员都必须参加，学士院还要撰写颂辞。

第十二天，初六，金使终于向宋高宗辞行。走之前，高宗会赐给正使袭衣金带三十两，银沙锣五十面，红锦二色，绫二匹，小绫十色，绢三十匹，杂色绢一百匹。其他人按照等级的不同也有相应赏赐。除了来自皇帝的赏赐，下面的官员也会赠送礼物，这称为“私亲”。

第十三天，又追加赏赐龙凤茶、金银台。

第十四天，宋高宗会派遣近臣入馆赏赐御筵。在使者出都城时由高宗致最后的朝辞，同时私底下给大使赏银一千四百两，副使是八百八十两，还有衣服各三套，金带各三条。都管、上使节则赏银四十两，衣服两套。

中下使节则赏银三十两，衣服一套。

至此，金国使臣十四天的超值临安之旅结束了。不难看出，南宋政府在接待金国使臣这件事上着实耗费了大量的财力物力。值得注意的是，因金国遣使时间不同，使臣收到的赏赐也会有细微不同。但总而言之，南宋政府一直秉持着绝不亏待金使的原则来操持这件事情。南宋名将韩世忠曾对这种金国使臣的特殊待遇愤然表示“蠹耗国用，财计阙乏，赡军不给，则经所谓不战而屈人之兵”①。

元代杨维祯也曾有诗描述班荆馆是“白金城阙碧珠宫”②。如此富丽堂皇的班荆馆却有这样一段历史，如果班荆馆会说话，必定要为自己辩驳一番。

如今，上塘河还在那静静地流淌，而班荆馆只剩下遗址可供考证。

参考文献

脱脱等：《宋史》，中华书局，1985年。

周如汉：《临平班荆馆——南宋国宾馆》，2012年10月21日，http://blog.sina.com.cn/s/blog_5c4ec29701016c15.html。

龚玉和：《南宋在皋亭设班荆馆》，2019年6月13日，http://www.hangchow.org/index.php/base/news_show/cid/4650。

①毕沅：《续资治通鉴》，上海古籍出版社，1987年。

②杨维祯著，孙小力校笺：《杨维祯全集校笺》，上海古籍出版社，2019年。

独松关古驿站：西通宣州东达建康

唐代《元和郡县图志》载，杭宣驿道从杭州北至宣州共四百九十六里，明代前设有驿站。独松关即为宋、元时期的驿站之一。

驿站设立前得先有驿道

在今安吉县递铺镇双溪口关上村至余杭区百丈镇独松村，有一条古韵犹存的长百余里的驿道，它就是杭宣驿道。这条最早见于《元和郡县图志》的古道连通杭州与宣州，它除了历史悠久，最大的亮点便是建在独松岭上的独松关古驿站。唐时，独松关驿站还未设立，就连这条驿道都不够起眼。多亏了当时余杭一位县令的为民行为，才让这条驿道沿用百年，甚至还新设了独松关驿站。

隋唐时期，全国邮驿交通空前发达，以京城长安为中心，向四方辐射，约三十里路就设一驿站。据《通典》统计，唐玄宗时全国有驿站一千六百三十九个，还配备有不少驿马、驿船和驿田。

唐代驿站传递信息与货物的速度有多快？那骑马的驿骑从你眼前过，就好似流星一般。诗人岑参曾在《初过陇山途中呈宇文判官》中写道："一驿过一驿，驿骑如星流。平明发咸阳，暮及陇山头。"快若流星当然是一种夸张的手法，但我们也能从中看出唐代驿站制度的成熟。

唐时的杭州远在江南道，诸多方面与北部的扬州、苏州相比都略有逊色，所以不仅设立的驿站个数少于北部几个州，就连驿道都尚不完备。要说杭州当时与西部沟通最出名的驿道，还得数杭宣驿道。据《元和郡县图志》载，杭宣驿道自杭州北的余杭途经长乐、双溪、黄湖、百丈至独松关已有百里，出境后抵达终点安徽宣城，绵延约五百里。

杭宣驿道不知用了多少年，历经风霜雨雪，有些路段早已毁坏坍塌。以险著称的独松关附近，东西方分别是险峻的山脉与幽深的溪涧，南北纵向只一条羊肠小道，仅单骑可依次通过。唐时，一过独松关便进入山谷地带，因夏季多雨，降水量大，此段驿道每逢雨天便坑洼不平，遇着山洪暴发，行旅的人只有自求多福。这种情况持续

通典 卷二

驛側有牧馬之處匹各減五畝其傳送馬每匹給田二十畝諸庶人有身死家貧無以供葬者聽賣永業田即流移者亦如之樂遷就寬鄉者并聽賣口分賣充住宅邸店碾磑者雖非樂遷亦聽私賣諸買地者不得過本制雖居狹鄉亦聽依寬制其賣者不得更請凡賣買皆須經所部官司申牒年終彼此除附若無文牒輒賣買財沒不追地還本主諸以工商爲業者永業口分田各減半給之在狹鄉者並不給諸因王事沒落外藩不還有親屬同居其身分之地六年乃追身還之日隨便先給即身死王事者其

《通典》书影

多年，直到它引起了一位地方官的注意。

唐宝历元年（825），余杭先前的县令被调任他地，一位名叫归珧的新县令带着他轻便的行李来到了这里。县令一职在唐朝虽不是末端的九品，却也只是个七品小官，许多事情没有权限不说，一旦出错还得自己承担后果，所以纵观历史，有所作为的县令为数不多，能青史留名的更是屈指可数。

归珧不是那平凡的大多数，他胸有抱负，立志要造福一方，既然到了余杭，就该让余杭的百姓都过上安居乐业的生活。他是个说到做到的人，上任第一年就为余杭疏浚南湖，恢复蓄泄之利。

当时余杭南湖因年久失修，湮塞严重，既不利于灌溉，也不利于夏季疏通雨水，时常导致南湖两岸民宅受水灾侵扰。这年夏天，归珧就接到当地百姓的哭诉，几番调查后发现弊端源头就在南湖。

归珧一连好几天前往南湖勘测，又遍寻能人巧匠，与他们共谋疏浚南湖一事。好在人多力量大，没几天他们就敲定了一个方案：干脆循汉代陈浑所开南湖旧迹，再在仇溪之北开辟北湖，筑塘调节中、北两苕溪水。

这一方案果然有效，高一丈，长达六十里的堤坝筑成后，南湖既可蓄洪，又利于两岸百姓灌溉农田，受益田地约一千顷。这到任的第一把火既不是革查前任的政务问题，也不是整些劳民伤财的幺蛾子，而是办了一件实实在在的利民好事。余杭百姓对这位新县令十分满意，一些积压心底好多年的难题也不吐不快。

那日，暴雨如注，余杭县衙门口却响起一阵马的嘶鸣声。

看门的前去探看，却登时惊呼："快来人，这驿夫伤得不轻！"

县衙里打杂的和正闲着的官差都前去搭手。驿夫整个人趴在马背上不住地发抖，后背血迹斑斑，大汗淋漓，头发散乱，两腿呈现一种不自然的弯曲。众人赶紧上前小心翼翼地将他从马背上扶下来，又遣人去寻大夫。

忙碌了几个时辰，这人才转醒过来，他一睁眼，看见的就是归珧。归珧站在床旁，低声询问他是否感到舒适些。驿夫不顾伤重，一把抓住他的手，哭道："大人，小的是来送公文的，刚过独松关，不知哪来的山洪，天雷般响着就从两边山林冲过来，小的躲避不及，被水中乱石砸中了腿和背，幸好这马儿机灵载着小的往山上跑，才保住小命。大人您是个好官，小的递送延误的事还请大人从轻发落。"

驿夫这话却引起一名官差的感叹，念道："这条驿道你少说也走了几十回，天降大雨你也敢从独松关过，多亏你命大。"

归珧不知此话从何说起，疑惑地询问："怎么，这山洪伤人竟是常事？"

"大人有所不知，县北有条驿道直通宣州，但年久失修，独松关一段的驿道是泥路，坑洼不平不说，夏日每逢暴雨，就有山洪自两边倾泻而下，常年淹害行旅。"

归珧闻言大吃一惊："既是常年淹害行旅，为何不重筑此段？"

驿夫和官差面面相觑，似有难言之隐。归珧也是通透之人，一观左右脸色便知此事不简单。重筑一段驿道不知要耗费多少人力、物力与财力，即便是之前的县令有此心想必也力有不足。但杭宣驿道是余杭沟通外界的重要道路，除了驿夫，不少行人旅客也会经此来往两州。山洪害人性命本是天灾，若是身为县令明知此事却无动于衷则是人祸。

这件事对归珧的触动不小，他那晚辗转反侧，满脑子都是如何才能救民于水火。可惜，多年的难题没有那么好解决，归珧也被这事难住了。若要重筑，必需民夫，此事要和上级报告，自作主张有可能惹出麻烦。重筑还需要大量土石，上哪儿去寻那么多土石呢？只重筑独松关的驿道想必不够，治标不治本，倒不如将余杭境内的驿道全部重修一遍，确保百姓安全。

这几个问题一直困扰着归珧，他是食不知味，夜不能寐。一有空，他就前去独松关地带，亲自查看两边地形，还向常居此地的老百姓询问是否有御洪良策。别说，这一招还真管用，一个樵夫笑道：“说来也简单，只需稍微改道，在独松岭那里打个弯，避开山洪倾泻处，再修得牢固些不就成了。”

一语惊醒梦中人，归珧政务缠身，又有诸多顾虑，竟然当局者迷，只想到重筑，没想到改道。豁然开朗了，就连剩下的几个问题也好解决了。前面疏浚南湖的泥土堆成了山，正愁没法处理，运来修筑驿道岂不是正好？至于人员调配，先上书长官，为了百姓，一点儿责骂算什么？

最终此事还是成了。改筑余杭段驿道成了余杭大街小巷都知道的惠民工程，空闲的民众甚至自发前来挑运开湖时的土石，将它们运到北面工地上。

余杭境内的驿道历时数月才修筑完成，从澄清巷出发，过北门莲花桥（建于唐代，桥已毁）便是起点。沿二里亭（现存完好）、三里铺（即石凉亭，已废），过苎山桥（建于元代，现存完好）、新岭亭（现存，但已残缺）至邵墓铺、麻车铺、招兜铺、古城铺、独松关入安吉县境，全长百余里。

这条翻修过的驿道是山峦中的逶迤小道，它由鹅卵石砌筑，雨天再也没有泥泞之忧，晴天时就连尘土都少见。独松关一带的驿道改向，拐了一个弯，绕过常有山洪的山谷，从林涛竹海下蜿蜒而去，如此一来还为沿途古寺、村落提供不少便利。

当时独松关一带还没有设立驿站，估计归珧自己也没想到，他重筑的杭宣驿道在未来的几百年里依旧发挥功用。南宋嘉泰年间，朝廷因政务开辟了临安到建康的新驿道，因此时独松关森林茂密，唐时的山洪早已不再发生，所以这条驿道便经过独松关。又考虑到杭宣驿道依旧通畅，便在两条驿道的中枢独松关处设立了一座急递驿，站名为独松关驿站。

有驿卒来报独松关危矣

南宋德祐元年（1275），十一月下旬的某天，从独松关前往临安的驿道上，一匹快马疾驰而过，系在马脖子上的铜铃铛铛作响。偶有走在驿道上的村民，远远听到铜铃的声音，就立马闪到驿道两旁。白天鸣铃，夜间举火，这可是"急递铺"的名片，行人若不让道，驿卒撞死、撞伤人可是不必负责的。

独松关

这匹快马上的驿卒满头大汗，看起来竟比胯下的驿马还要劳累。想来也是，他身有军情，一路上铺铺换马，自己倒是没得歇息。眼见驿道两旁景物飞速后退，这驿卒心里也是焦急万分：快到临安了，独松关可千万守住啊！

他身上的紧急军情与几日前的独松关有关。

这月上旬，元丞相伯颜兵分三路，朝着临安进发，南宋诸郡根本没有一战之力，纷纷望风投降。消息传回北方，令元世祖忽必烈欣喜不已，他对左右说："朕兵已到江南，宋之君臣必知畏恐，兹若遣使议和，邀索岁币，想无不从者。"

于是，他授意伯颜按兵不动，派遣礼部尚书廉希贤、侍郎严中范等人佩金虎符，带着他的国书出使南宋。廉希贤、严中范等人快马加鞭来到元军兵营，面见伯颜，告知他元帝的新打算。

说着廉希贤就让左右去营中召集使者，与他一同前往临安。伯颜却叫住要出营帐的那人，转头劝廉希贤：“现在两军对峙，各自设有关卡，应当先派人前去说明情况再做打算。如果拥兵前往，恐怕引起对方猜疑，和议之事就难了。”此话不假，如今元军已在余杭境内，独松关那边的守卫早得了消息，正严阵以待，贸然出使想必风险不小。

廉希贤虽是个小心缜密的人，但他以为南宋兵卒已是惊弓之鸟，即便是领兵出使，他们也该好礼相待，断不敢发起进攻。伯颜听他一通分析，还是觉得不妥，劝他三思而后行。廉希贤却笑他一向深略善断，这时反而看不清局势，自己掣肘。

几番争辩下来，廉希贤坚持要几名使者随他出使南宋，伯颜无力阻止，但又担忧他的安全，便退后一步称：“我点兵五百随你一同前往，若有意外还可保全一二。”

就这样，廉希贤率领精兵五百人向着临安进发，第一关便是守备森严的独松关。独松岭上原没有设立关隘。宋室南渡后，天目山成了临安的最后天然屏障，为抵御金兵，南宋朝廷于建炎年间（1127—1130）才在独松岭上垒石为关，命名为独松关。独松关分内外两重，有箭楼和兵营六间，又依仗天险，易守难攻。

那厢廉希贤的人马已经快到独松关了，这厢独松关的守将浙西安抚司参议官张濡正站在箭楼上，忧心忡忡地眺望远方。

如今元军南下，宋室诸郡降的降，城破人亡的也不在少数，他镇守这独松关，肩上的责任重大，万不能有什么闪失。前几日探子来报，元军驻扎在余杭边境，竟没有丝毫动作，不知葫芦里卖的什么药。兵不厌诈，不管元人有什么龌龊打算，他都不能让他们得逞！

他心里正百转千回，忽然看见关外树林中群鸟腾飞，呈一条直线往独松关飞来。

“不好，元人来袭，拉弓！”

张濡大喊出声，几座箭楼上的士兵纷纷张臂拉弓，将箭搭在弦上。一会儿工夫，树林中就钻出一队人马，正是前来和议的廉希贤众人。

眼前就是雄伟的独松关，廉希贤和五百精兵勒住缰绳，停在关下。寒风凛冽，他紧了紧衣裳眯眼往那关上瞧去，城墙巍峨，箭楼上不见人影。他一挥手，身后的士兵便策马上前，对着关上大喊：“南宋守将听着，礼部尚书廉希贤携有国书，此行乃是前往临安和议，快快打开关门。”

士兵的声音传到张濡耳中，没什么语气的喊话愣是被他听出嘲讽之意。他心中愤愤：“你们这些狡诈的元人，都打到余杭了，还说什么和议，当我是傻子么？一定是想骗我打开关门，到时候长驱直入，莫以为我好诓！再说了，自古以来和议的都是几个使节前来，你们带着几百兵卒，还敢觍着脸说是来和议的，非叫你们知道我的厉害！”

廉希贤等了好一会儿，也不见箭楼上有动静，他勒住缰绳，好让胯下的马儿不要乱动。又等了一会儿，还是不见动静，他有些焦急，转头与严中范耳语：“怎么回事，难道这独松关人去关空了？”

严中范正要答他，就听见“吱呀”一声，关上的门打开了。他与廉希贤面面相觑，还没顾得上欣喜就听见杀声震天，从关上涌下来无数宋兵，箭楼上也是万箭齐发，直奔他们而来。

廉希贤慌了神，想撤退为时已晚，只好硬着头皮迎战，转身让人回去给伯颜报信，速来兵增援。宋军这边以张濡为首，从关上杀气腾腾地冲下来。他们早在关上就将廉希贤等人的情况摸了个明白，不过几百人，离伯颜驻扎地又远，正好拿他们开刀，杀杀元人的锐气！

一时间独松关陷入了一场混战中，刀剑齐鸣，哀嚎遍野，战马受伤倒地，两军士兵也伤势惨重。但宋军有独松关为后盾，箭楼上早先已有弓箭手居高临下射伤不少元兵，所以这一战宋军大获全胜。严中范阵亡，廉希贤也重伤被俘。

张濡收兵回关，赶紧派人唤来独松关急递驿站的驿卒，嘱咐他：“快去临安报信，就说元人佯装和议来攻独松关，已经尽数被我们剿灭。伯颜势必会卷土重来，还请临安速速增派援军。”

宋朝的邮驿传递主要有三种方式，一是步递，二是马递，三便是“急脚递”。步递为接力步行传递，主要用于传递不甚重要或不急的文书货物。马递主要用于传输紧急文书，又因为负担这种传送任务的马匹常常是军队剩下的马匹，质量不高，所以运输时速度并不是很快。宋代，邮驿制度已经用军卒代替民夫，需要传递紧急军事文书时，最后一种“急脚递”便会派上用场。

张濡写好书信，正要盖上私印交给驿卒，就感觉脚下大地震动，耳中已是巨石轰击关墙的声音——

原来，伯颜接到廉希贤的报信，火速调兵遣将，派遣参政阿刺罕追了过来。阿刺罕一到独松关，见满地尸体，心头火起，直接下令攻打独松关。

张濡奔到楼上，往下一看，关下满满都是全副武装的元兵，粗略估计少说也有十万。他叫来驿卒，重新写了一封告急信，嘱咐他务必尽快送到临安，让圣上早做准备。

驿卒哪里见过这等场面，早就吓得魂不附体，可他是“铺兵”，他不去送信，谁去送呢？他颤抖着身体，将张濡给的书信牢牢攥在手里，摇摇晃晃地下了箭楼，一路狂奔到独松关后不远的独松关驿站，匆忙拿了过路的文书，就去马厩骑上驿马冲了出去。

驿卒身后是轰隆的炮火声，身前是宽阔的驿道与竹海，肩上是整个南宋的危急存亡。

他带着张濡的求救书信很快到了临安，无需报备，直接就进了皇城。听说伯颜的大军已经攻到独松关，太皇太后谢道清慌了手脚，她赶紧命丞相文天祥率兵前去驰援。而独松关这头，张濡寡不敌众，想要突出重围又被元骑兵夹击，丧失副将冯翼以下两千多人，他本人南逃也被持续追杀，下落不明。

文天祥领命前去独松关支援，只有一支人马留守平江。伯颜本就兵分三路南下，正好趁此机会占据了平江。而独松关一战早已结束，文天祥还没赶到，又有一名驿卒前来报信，称独松关失守了——

独松关乃临安的西北关隘，平江又是临安的北面防线，如此一来，两路元军长驱直入，临安危矣！

那名驿卒尽管一路滴水未沾，马不停蹄地前往临安报信，也没有改变独松关失守的命运，更无法挽救南宋灭亡的命运。

参考文献

陶宗仪：《南村辍耕录》，中华书局，1959 年。
宋濂等：《元史》，中华书局，1976 年。
欧阳修、宋祁：《新唐书》，中华书局，1975 年。

都亭驿：金国使者偷绘城貌得到金国皇帝赞许

宋人周密《武林旧事》卷八："北使到阙，先遣伴使赐御筵于赤岸之班荆馆，中使传宣抚问，赐龙茶一斤，银合三十两。次日，至北郭税亭茶酒上马，入余杭门，至都亭驿，中使传宣，赐龙茶，银合如前，又赐被褥、银沙锣等。"

远方来客，却是故人归来

已是深冬时节，南方的天空中云幕低垂。临安城余杭门处走来一行身穿北方衣饰的队伍，他们急匆匆地往前走去。队伍为首的是一位六十多岁的老者，他就是前来为南宋贺正旦的金国使者施宜生。

这行人穿过余杭门前正街，转过新庄桥一路直行，经观桥与众安桥抵达御街，过了朝天门才拐向左侧六部桥东，他们的目的地是候潮门里泥路西侍从宅旁的都亭驿。都亭驿新建不久，里面的设施相当豪华，冬有火箱，夏有冰盆，尽显大国礼宾气派，施宜生带领的贺正旦使团就被安排在这里。

都亭驿之名来自北宋时期的国宾馆——都亭驿。当初北宋与辽国签订澶渊之盟，正式建立了和平外交关系。自此，两国之间使节不断，北宋还特意修建了拥有数百房舍，布局得当的都亭驿招待辽国使节。

后来辽国为金所灭，北宋也在靖康之变后走向末路。宋高宗赵构肩负起维系南宋国运的重大任务，但他缺少

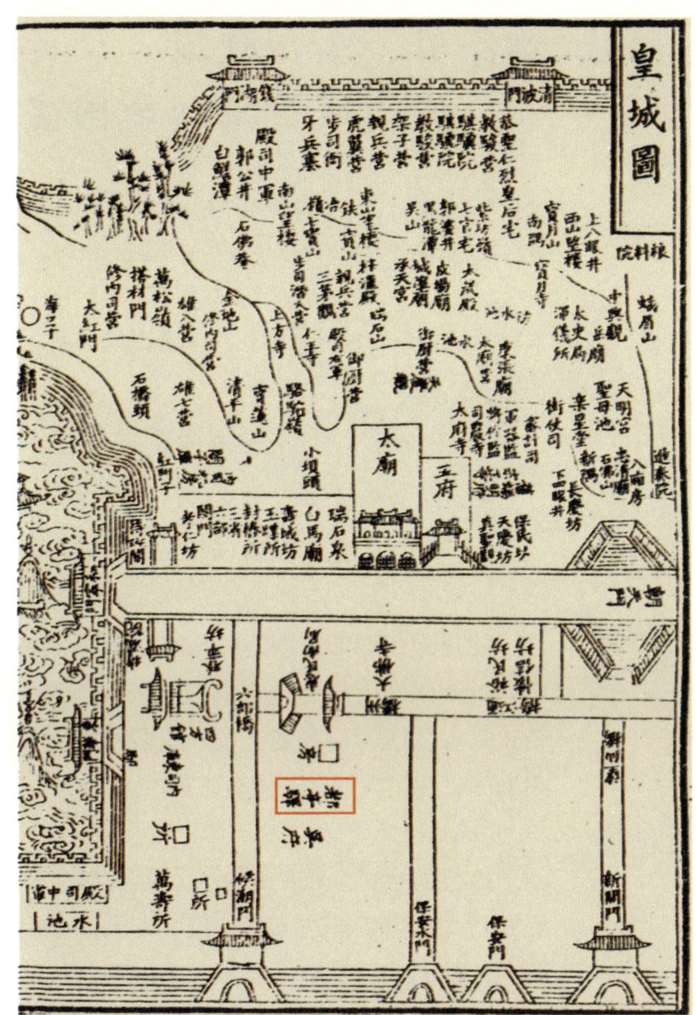

都亭驿的地理位置

收复故土的雄心壮志，加上秦桧等奸臣的唆使，情愿与金国签订丧权辱国的绍兴和议，偏安江南一隅。

此次和议条款众多，其中之一便是恢复两国使节往来，每逢元旦、新皇即位或者皇帝与太后的生辰等重大节日，两国都要定期派遣使节，且不受时局战争影响。因此，招待金国使节的驿站修建工作提上了日程，从年底到三月，新驿站完工，沿用旧名“都亭驿”。

施宜生从北方一路走来，狂风夹杂着雨雪，吹在脸上，和刀割一样疼痛，这滋味可真不好受，可谁又知道这一路上施宜生的内心却比这天气更加难熬。

宋政和四年（1114），施宜生考取进士，宣和末年被授予颍州（今安徽阜阳）教授。刚刚进士及第的他，怀着为国为民的满腔豪情，准备大干一场，施展自己的政治抱负。可在北宋那灿若星河的文人雅士中，施宜生太过平凡。况且当时的北宋，已经是强弩之末，他的报国热情被数十年如一日的琐碎政务消磨殆尽。

生命总是充满了意外。他因为参与福建盐商范汝为造反的事，被流放琼州，半路逃脱又投靠了刘豫。宋绍兴七年（1137），伪齐政权被废除，他只好来到金国，为金国办事。施宜生从太常博士做起，一路高升，直至礼部侍郎。所以，金国是他的再生父母，对他有知遇之恩，而宋则是养育他几十年的故土。一边是故国的父老乡亲，一边是对自己恩重如山的金廷，哪一边都难以舍弃。

后来，一件事情彻底让施宜生陷入两难境地。使他面临困难抉择的正是刚刚即位不久的完颜亮。这个三十七岁的帝王，是个拥有雄才大略和远见卓识的男子，他从小就对汉文化拥有浓厚的兴趣，他的梦想就是踏平大宋，登上吴山第一峰。当时元旦在即，金国将派遣使节前往南宋都城贺正旦，完颜亮就想趁着这个机会收集一些军事情报，为以后兴兵南下做准备。

选谁好呢，他想了想，施宜生在南宋被称为“叛徒”，他去肯定和南宋大臣各种不对付，刚好替他收拾收拾那帮酸腐文人。为了保险起见，他还得派一个心腹，那就让耶律辟离刺去吧。想到这里，他马上把施宜生和耶律辟离刺叫到了跟前，刚一说出让施宜生作为正使的话，施宜生就立即请辞。

完颜亮一听，作为使节出使宋国这样的好事，他施宜生居然推辞，心中难免有些气愤，但想了想说："我知道你顾虑什么，你本为宋人，要你去直面宋朝国君，确实是让你为难了。但你现在既然已在我手下办事，今后这样的事还多着呢！"

施宜生看见完颜亮如此苦心劝说，又想到他对自己的知遇之恩，只好听从命令。

等施宜生走后，完颜亮又把耶律辟离刺专门留下交代："这次去南宋，你有三个任务：一是带上一批画师，将一路走过的山河和关隘全部详细记录下来；二是想办法和潜伏在南宋那边的人见一面，带回最新的情报；最后还有一个任务，施宜生虽然一向忠心耿耿，但大宋毕竟是生养他的地方，他难免会有所动摇，你还需要不时注意他的动向。"耶律辟离刺跪下应诺。

于是，推辞不成功的施宜生只能打点行李，和耶律辟离刺一起带着浩浩荡荡的使团，前往几十年来未曾回去的故土。

"北风劲，必来"，施宜生上演无间道

使团刚一进临安城，就受到高规格的礼遇。宋高宗不仅在垂拱殿接见了他们，并且命令手下的大臣在驿馆赐宴。看着宋高宗对自己这个金国使节礼遇有加，施宜生想到自己从前做颍州教授时的不受重视，觉得自己还是应该向着金国。

可转念又一想，一路上看见南宋军队孱弱，边防空虚，这要是真的打起来，南宋可真是毫无招架之力，到时候百姓流离失所，生灵涂炭，这种局面更是他不愿看到的。

在宋高宗举办的宴会上，他看到的是宋高宗的安于享乐和大臣们的只求苟活。如此南宋，如何与金国抗衡？施宜生自己都没有发现，此时他心中的天平已经开始偏向南宋。

此次负责接待金国使团的是南宋的礼部尚书张焘，施宜生还在宋朝当官的时候就听说过他的名字。张焘将施宜生安顿在都亭驿后，并没有立刻离开，而是和施宜生攀谈起来，他心里想的是凭一己之力将施宜生拉回南宋阵营。面对张焘的热情交谈，施宜生也没有拒绝。

张焘也是个聪明人，知道怎样才能打开施宜生的心房。他说："施大人离开故土多年，应该十分想家吧，故土难离，施大人这么多年在外面肯定饱受思乡之苦！"

施宜生一听这个就知道，张焘这是在和他套近乎啊，还不断提醒自己生是宋朝人，不能忘本。但此刻，他还没有下定决心帮助南宋，况且旁边还有一个虎视眈眈的副使耶律辟离剌。

所以他转头回道："离家多年了，早就把金国当成了自己的家，习惯了北方的严寒，倒不是很习惯南方的湿热了。"张焘心想，这样还不上钩，那我就要使出必杀技了。于是他说："若是施大人的双亲还在，看到施大人如今身居高位，定是为施大人感到高兴啊！"

要不说张焘聪明呢，刚开始是用家乡引起共情，这下又展开亲情攻势了，不怕你哭，就怕你哭得不够多。一提到自己的父母，施宜生的最后一道防线彻底被击溃。从小父母就教育自己要忠君爱国，这都快七十岁的人了，还要帮着金国来攻打自己的故土，多年来对南宋的愧疚之情一下子从心底涌了上来。此刻他心中的天平已经彻底偏向南宋，他暗地里打定主意要将金国出兵的消息透露给张焘。

虽然他笃定要告诉张焘这个消息，可怎么做才能让张焘知道又不被自己身旁的耶律辟离剌察觉呢？

施宜生看着身边百无聊赖听他们说话的耶律辟离剌，他突然心生一计。

他故意望着北方对张焘说："多年未曾归来，我以为只有北方才有这么大的风，没想到今天临安城的北风也刮得很劲，张大人要多准备点衣衫啊！"

张焘再聪明，听到这句话也有点懵。这施宜生啥意思啊？明明在讨论他父母的事情，怎么就扯上风了呢？不过他也不能不说话啊，只能回道："多谢施大人关心，您也要穿多一点，可别生病了。"

施宜生看着一脸迷茫的张焘，心里十分着急，继续道："过几日，我就要回北国了，我们相识一场，给您写一副字留作纪念吧！"然后对着身旁的侍从说："笔来，笔来！"说完还往张焘那看了一眼。

就是这一眼，让张焘茅塞顿开。北风不就代表北边金国，这是暗示金国要有大动作，笔来就是必来，连起来是金国必然南下。而施宜生让自己多准备点衣衫，不就是让南宋早做准备吗？

张焘心下大惊，却面色不显，仍然和施宜生一起唠家常，诗词歌赋、人生哲学无所不谈，愣是把耶律辟离刺谈得快睡着了，张焘才起身辞行。

一出都亭驿，张焘连忙赶往皇宫。施宜生目送着张焘的背影逐渐消失在茫茫夜色中，他抬头看了看天上的月亮，心里不免怅然若失，终究他还是做了金国的叛徒。不过他也只能帮南宋到这里了，剩下的就不是他可以管得了的。

第二天一早，施宜生便写下了《题都亭驿》这首诗：

江梅的烁未全开，老倦无心上将台。
人在江南望江北，断鸿声里送潮来。

这首诗的意思是说，故土的寒冬时节，江边的梅花还没有开全，景色一派萧条。自己已年近七旬，再没有力气去登顶将台山，眺望钱塘江和西湖。身为金国使节客居江南，在阵阵孤雁哀鸣声中，自己更是无比思念遥远的北国。

施宜生的表面意思确实是这样，但是他深层次的含义却是自己本应是南宋的人，却成了金国的大臣，就是死了也不能埋骨桑梓，魂归故里。从这首诗中也不难看出，为什么施宜生在故土和金国之间，最终选择了故土。

画师传画卷，完颜亮欲立马吴山第一峰

要说这次的贺正旦使团还真的是有意思，同行的正副使官，两人各怀心思。这边施宜生纠结着怎么把金兵要南下的消息透漏给南宋，那边耶律辟离刺一边盯着施宜生，一边还要安排画师详细绘制临安的各种城貌与山

湖全貌。

从金宋边境开始，耶律辟离刺就已经开始安排画工的工作了。一路上，画工要将经过的城郭、山形、地貌等绘制成图。等回去统一整理后，这图就是完颜亮南下的重要资料。

当时宋朝的文化传播极广，加上完颜亮从小便对汉文化十分感兴趣，所以柳永的《望海潮》一词传入金国后，完颜亮便一直对里面所描写的杭州景色“三秋桂子，十里荷花”记忆颇深。这次贺正旦使团来到临安，绘制的这幅画，不但是金军南下的重要资料，而且也算将真正的南宋风景给完颜亮带了回去。

除了一些必要的外事活动外，耶律辟离刺就让这些画工在临安城内到处转。颇为讽刺的是，这些画工在街上购物，都是由都亭驿支付。人家绘制画卷，准备当作以后攻打南宋的资料，结果南宋还好吃好喝地伺候着，不仅这样，还管他们购物。一般情况下，金使来京，朝廷都是预先拨给都亭驿钱财一万贯，多还少补。

这些画工在南宋官员的眼皮子底下，很快就将临安的画卷绘制出来。在施宜生还没回到金国之前，完颜亮就已经派出接应的人，将绘有临安城地貌的画卷秘密传回了金国。

这天，完颜亮正在上朝，收到了侍卫带回的画卷。画卷上的图画让他终于知道了什么叫作“东南形胜”“钱塘自古繁华”。湖山秀美、物华天宝、人杰地灵，临安彻底点燃了这个野心家派兵南下的激情。他命画师画了一幅西湖山水图，并将这幅图制成屏风，其后又让画师把自己身骑骏马、全副武装，雄赳赳气昂昂的形象画在吴山之上。

不仅如此，他还在自己的画像旁题了一首《题临安山水》：

万里车书尽混同，江南岂有别疆封。
提兵百万西湖上，立马吴山第一峰。

意思是江南怎么还能有另外一个国家呢？万里山河都应该是车同轨、书同文。有朝一日，他一定要拥兵百万，直取临安。这既是完颜亮要南下的出战宣言，也是他不灭南宋誓不罢休的决心。

可惜，完颜亮的美梦还没做完，就客死他乡。

都亭驿除了用于接待外国使者之外，也是大臣们互相宴请的不错选择。不只是外国使节在此居住，外地的大将与大臣初到临安倘若没有住处，也会被安排在都亭驿。

南宋时期，都亭驿旁的小桥，因西面是六部二十四司，得名六部桥，又因每当来使要入宫觐见，必定从都亭驿出发，经过六部桥，所以这桥也叫作都亭驿桥。元代这桥曾改名为通惠桥，明代改称云锦桥，直到清朝才重新称为六部桥。如今，都亭驿早已湮没，但见证它风雨故事的六部桥依然伫立在那里，向人们诉说“六部桥”与“都亭驿”的故事。

有人的地方就有江湖，都亭驿来过那么多的官员和使者，肯定还发生过许多我们不曾知晓的故事，不过这些故事我们现在只能通过史书上的只言片语和名人诗词去猜想一二。

但就是这些仅存的故事，让我们看到了一个个有血有肉的古人，看到那一片片历史风云……

参考文献

胡传志：《金人使宋行为的文学观察》，《求是学刊》2010年第3期。

景新强:《施宜生通敌事件辨正——一个史源学的考察》，《西北大学学报(哲学社会科学版)》2007年第3期。

邹春秀：《施宜生使宋泄密事件与南宋士大夫的歧议》，《江苏大学学报(社会科学版)》2010年第3期。

赤岸古埠：往日繁华今在否

南宋叶绍翁《四朝闻见录》中记载："绍兴初，高宗建行阙于凤山。山中林木蓊如，鸦以千万，朝则相呼鼓翼以出，啄粟于近郊诸仓；昏则整阵而入，噪鸣聒天。高宗故在汴邸，汴无山，故未尝闻此，至则大骇……命内臣张去为领修内司诸儿，聚弹射而驱之临平赤岸间，盖去阙十有五六里。未几，鸦复如初，弹者技穷，宫中亦习以为常。"

赤岸繁华更上一层楼

宋绍兴元年（1131），宋高宗赵构将杭州升为临安府。此前赵构在南京应天府即位，而应天府处于随时会被金人攻陷的危险之中，故他计划临时在杭州安顿。虽是特殊时期，但赵构也不想将就，他命两浙转运副使徐康国去临安府修建行宫。

行宫选址在临安府凤凰山东麓的州治，因这里既是隋唐以来几百年的治所，到五代十国时又成为吴越国的皇宫，已成规模，所以能够节省相当程度的劳动力与财力；且凤凰山与吴山相连，为全城制高点，南宋政府可时刻监控北方动向，一旦金人有所动作，也能迅速采取应对措施。

这个时候的南宋行宫几乎就是建在蓊蓊郁郁的林木中，加上楼堂殿阁不多，又没有百姓猎户前来打扰，简直成了乌鸦们的栖息天堂。整座凤凰山上的乌鸦少说也数以千计，白天它们倾巢而出到近郊的几处粮仓偷食，一到落日时分就铺天盖地地飞回凤凰山，呼朋引伴，聒噪不已。

赵构自小生长在少山的东京汴梁（今河南开封），从未见识过这种情形。他每日在宫殿里，既忧心北方金人的不断进攻，又常接到几处粮仓的管事状告乌鸦偷食却无可奈何的札子，夜里好不容易休息了还得忍受成群结队的乌鸦在屋顶聒噪，实在是心情不佳。偶尔想出门散心，没等他走出几步，就闻到从四面八方飘来的鸟粪臭味，看见落在地上或花草树木上的鸟粪与羽毛，怎么能不怒从心起？

一段时日过后，赵构终于忍无可忍。他命令自己的内臣张去为即刻想办法，领修内司诸多侍从，让这些讨厌的乌鸦从他眼前消失！因行宫内的乌鸦数量实在太多，若是杀生又造孽不少，所以赵构的言下之意是赶走即可。底下的人商量来商量去，终于想出个不算办法的办法。

这天，行宫中许多年轻的内侍和修内司工匠接到一个命令——用弹弓将树丛间的鸦群驱赶出行宫。弹弓的杀伤力不强，但乌鸦们非常吃这一套，只需弹射一颗土弹，就能吓得惊慌失措、四处乱飞。这些人被召集起来，在整个行宫里奔走，见到参天大树就以弹弓相对，也不管那树上到底有没有乌鸦。

藏身于古树中的乌鸦们受惊纷纷起飞，盘旋在空中，形成黑压压的一团。因为乌鸦不会高飞，他们又对着鸦群弹射，没几下就打散了那团黑云。一群人就这样追着乌鸦驱赶，竟一路向北走了三十里路。

脚下已是临平地界，眼前就是那静静流淌的赤岸河。赤岸码头的船只停了一片，商人和脚夫都忍不住看向这群追赶乌鸦的人。内侍和工匠们早已累得气喘吁吁，乌鸦们也精疲力尽地停在赤岸河旁。

赤岸古埠

这下，赵构终于可以放下心来了。

宋绍兴八年（1138），赵构正式定都临安。那被行宫中的乌鸦青睐过的赤岸码头也迎来自己最为鼎盛的一段岁月。

赵构遵循旧制，要在临安城外营造一个用来接待外国来使的场所。这个建筑取名为班荆馆，它在一定程度上也兼职做朝廷的官驿。它就在赤岸码头处。

据南宋《咸淳临安志》记载：“赤岸河，在赤岸南。自运河入，通高塘、横塘诸河。”赤岸河是上塘河的一段，因为北岸泥土颜色呈红色，所以被称为赤岸。而上塘河最早由秦始皇组织开凿，又名秦河，是杭州历史上第一条人工河，后来成为江南运河的一段。赤岸码头也因江南运河而受益良多，繁华更盛。

现下杭州城既为都城，又有高级豪华的国家宾馆设立在此处，赤岸繁华可见一斑。赤岸码头四通八达，人们可经赤岸河走水路到余杭门外；若走赤岸河的南岸，则会途经走马塘，进入临安城。每日里南来北往的官方漕运船只数不胜数，前来临安行商的私人船只也络绎不绝，也有旅人远道而来，只为一探都城的风华。

码头两岸一时间酒肆林立，商铺遍地。

河水潺潺，赤岸几多沧桑

宋绍兴十二年（1142），被金人关押长达十五年的韦太后，随自己丈夫宋徽宗的灵柩一同回到大宋的国土。

船只到达海宁长安镇（今属浙江海宁）后，转入上塘河河道向临平（今杭州临平区）驶去。此时，宋高宗赵构领着皇室成员及文武百官恭候在上塘河河畔。一阵响彻云霄的“恭迎太后”“太后安康”的欢呼声过去，韦太后来到了崭新的都城。

赤岸码头见证了宋高宗与金人签订绍兴和议后，宋王室从此偏居一隅的情形。临安城内民众安居乐业，城外的赤岸码头依旧二十四小时不停营业，大内的主人着迷于这虚无缥缈的“歌舞升平”。但他忘记了金人的本质，也不知一味地伏低求和并不能给他长久的安定。

泱泱大国，纵失一半国土，却总还有一批热血未消的壮士渴望北定中原，一雪前耻。

宋乾道六年（1170）五月，有一位继承岳飞遗志的旅人乘船经过赤岸码头，他就是已过不惑之年的陆游。

四年前，宋孝宗的朝堂上对于北伐抗金一事有两种声音：一为主和，一为主战。陆游自始至终就在主战的阵营中。可主和派哪里是真正求和，只是为了一己私欲，想乘机敛财掌权。

于是有人以“结交谏官、鼓唱是非，力说张浚用兵”的罪名状告陆游，此时的宋孝宗赵昚已经偏向主和队伍，受此煽动，不由分说，立马就罢免了陆游的官职。此后，陆游一直闲居在故乡山阴（今浙江绍兴），郁郁不得志。

此次入京是因为陆游重新被起用，他将要去夔州（今重庆奉节）任通判一职，入职之前他需要前往京城办理入职手续。陆游本在去年就收到任命，只因自己生病，就耽搁了一年。

夔州此地，当时正属四川管辖，而四川是抗金的最前线。陆游的好友王炎当时主政四川、陕西，并且也主张对金用兵。两人志向相同，说不定可以一起抗金。被迫闲了四年，现在终于有机会再次为国献力。怀着这样的期望，陆游兴奋地出发了，一路上，他的心情非常愉快。

在山阴动身登船，沿着浙东运河进入临安城内，他首先办理好入蜀的相关文书，再同临安城中的老友相会。

陆游在临安逗留了十日才启程。

出发那天，正值黄昏时分。等船划到赤岸时，上塘河在落日余晖的照耀下显得格外的柔美、温婉。明晃晃的河面就像是披了件薄薄的金色纱衣，在船桨的划动下缓缓起伏、婆娑轻舞。见此情景，陆游不禁说：“还请

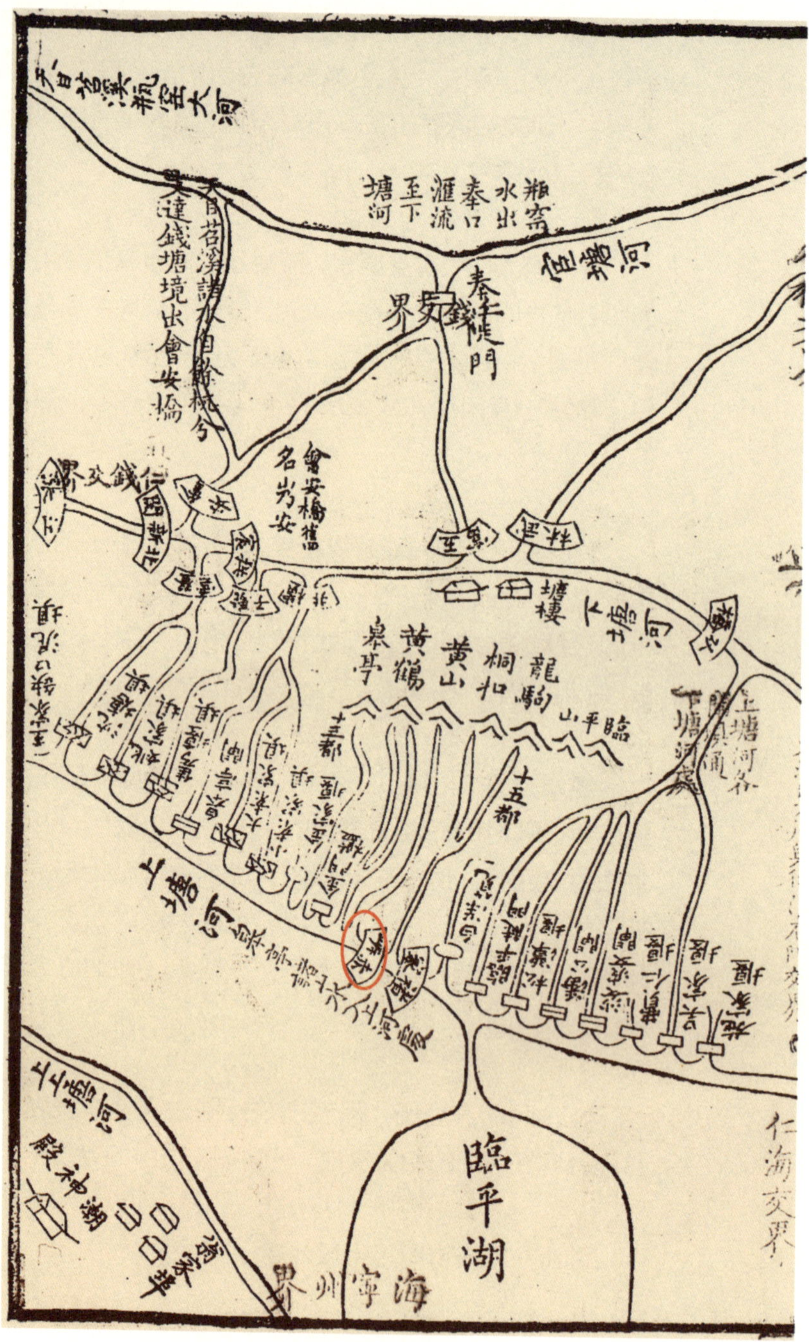

仁和县水道图中的上塘河

船家在此处停靠片刻。”船家听后便将船系在岸边。

这时，陆游提起自己大襟长衫的下摆，只一步就跨到岸上。他站在赤岸码头旁的桥洞北侧纤道上，仰起头，环顾着石桥高大的拱梁。突然，他抡起手中的折扇，在手掌上拍了拍，点点头，一声叹息："真美啊！"

似乎是老天也得知陆游不忍离去的心意，突然天降一阵急雨，将他短暂地留在了这里。

后来陆游的《入蜀记》中有这么一段："六月二日，过赤岸班荆馆，小休前亭。班荆者，北使宿顿及赐燕之地，距临安三十六里。晚急雨，颇凉，宿临平。"

第二天天晴以后，陆游才又从赤岸码头出发，循河北上而去。

赤岸码头依旧这般淡然地在河畔迎来送往。

去往夔州的陆游是带着满腔热血的，果然自己的好友仍旧保持旧日的意志。当时军队驻扎在南郑（今属陕西汉中），王炎组建了南郑幕府，力邀陆游加入，并委托他草拟驱逐金军、收复中原的战略。陆游考察实地，花费数日，耗尽心血，作出《平戎策》。

宋乾道七年（1171）十月，宋孝宗断然否定了陆游的《平戎策》，并且强制解散南郑幕府。陆游短暂的军旅生涯结束了，此后多年这段日子还时常萦绕在他的睡梦中。

宋嘉定三年（1210）冬，陆游在临终之际，留下绝笔——《示儿》："死去元知万事空，但悲不见九州同。

王师北定中原日，家祭无忘告乃翁。”然后他带着满心的遗恨离开这片土地。

此后数年，宋王室不断自灭尊严，同金人苦苦求和。土地一赔再赔，金银珠宝源源不断地往北方送去。金军也愈加强大，灭宋之行径也更加猖狂。

宋绍定五年（1232），蒙古军在三峰山之战中消灭了金国的主力部队，宋理宗眼看金国灭亡在即，便同意与蒙古联合伐金，征战一年后，南宋和金的对峙局面结束。两年后，金亡。曾经的盟友——蒙古却成了大宋新的威胁。

宋咸淳七年（1271），忽必烈定国号为大元，定都大都（今北京）。他正式即位后的第一件事就是南下灭宋、统一全国。三年后，元军迅速攻占了建康、镇江等地，浩浩荡荡的马蹄踏过赤岸码头，上塘河的河水日日掀起恶浪。南宋的都城临安也彻底被元军攻占。

之后，为了将粮食和丝绸等生活用品从江南繁华地运到大都，也为了避免绕道洛阳，元朝开始裁弯取直开凿运河。此后，货物可以经赤岸码头，从大运河直达大都。

临安繁华依旧，上塘河的赤岸段仍然是驿道或官道，在赤岸码头配有船只。著名的意大利旅行家马可·波罗，就是乘船经上塘河到达他心目中的世界上最华贵之城——行在城临安的。

上塘河是连接大运河与杭州的唯一通道，而位于上塘河的赤岸码头，则是南北往来的必经之路。

百余年倏忽而逝，元末政局动荡，百姓民不聊生。一时间，各地农民起义军的政权纷纷林立。这时，原是高邮（今江苏高邮）盐贩的张士诚占据江南，他为加强杭州的防卫，开展了改筑杭城的工作。同时为改善城内外水路，开通了塘栖至武林门段的运河，并将其命名为“新开运河”。从此，京杭大运河在杭州城的河段更加便捷。这样一来，上塘河的交通运输功能被大大削弱，赤岸码头也无可奈何地慢慢走向沉寂。

赤岸码头上还有一座赤岸桥，何时修建已不可考，但最晚至清末，这座赤岸桥依然存在。清人吴上尊《赤岸桥》诗云：

极目苍波里，微茫淡月痕。
人声喧赤岸，灯火向黄昏。
趁渡施双桨，冲寒对一樽。
芦花飞作雪，知近谢安村。

描绘了当时赤岸桥一带的繁华景象。

转眼间已是民国前后。因赤岸河直通黄鹤山腹地，赤岸码头成为一座屯兵、屯粮、屯盐的港口，是整个杭州城民生必需品的重要集散地之一。而赤岸桥边的树龄长达千余年的古樟树，则是空军飞行的重要航标之一。

今天，赤岸河依旧在静静流淌，但随着现代交通运输业的高速发展，赤岸码头已经彻底丧失自己曾经的交通要冲地位。它迎来了久违的安宁静谧，偶尔才有游人前来拜访，听它讲述千百年前的动人故事。

河埠上少有船只停靠，河岸边那条运货的小道也成了游人散步观景的好地方。赤岸河上的小船装饰朴素，载着一船一船的游客来访赤岸古埠。古埠上的赤岸桥连接两岸，可它已不是那座古老的赤岸桥了，而是政府在原址上重建的新桥。赤岸古埠现在已经卸下了运输重担，转变为皋亭山景区的旅游服务中心。它的北面就是大名鼎鼎的皋亭山，而曾经人来人往的货运码头，是前往皋亭山“十里桃花”景点的必经之路。

参考文献

叶绍翁：《四朝闻见录》，中华书局，1989年。

钱塘驿：沉默的年代，怒吼的朝臣

元代诗人萨都剌曾写《钱唐驿楼望吴山》："仙居时复与僧邻，帘幕人家紫翠分。后岭楼台前岭接，上方钟鼓下方闻。市声到海迷红雾，花气涨天成彩云。一代繁华如昨日，御阶灯火月纷纷。"

如果有夜宿吴山的机会，一定要走出阳台，面北而站，看看西湖边的渔火，还有吴山对面的南宋御街。那条街用香糕砖（宋代的典型砖，经常用在宋代的墓葬和城墙中）铺设，气派极了；它还是当年临安的中轴线，每逢"四孟"节，皇帝都会沿着这条路前往太庙祭祀。

元代，当政者虽然把京都定在北方，但是杭州的富足繁华却是丝毫不输京都。

元明之际，人们不再将从商看作是一件低贱的事情，况且有当朝政策，许多百姓纷纷开始弃农经商，商人的地位也越来越高。杭州的各大码头也是商旅不绝，船只不息。因此，位于吴山脚下的钱塘驿也开始凭借其优越的地理位置发挥重要作用。

今夜，戴良又失眠了，他还是不愿意应朱元璋之召入明做官。已在四明山隐世了数年，每一个失眠的晚上，他的大脑中都会重现那天与好友分别的场面。

那个清晨，戴良在婺州（今浙江金华）渡口痛声说道："你不懂！看见他，我心悸！"随后他就头也不回地上

南宋太庙遗址

了船，径直离去了。任凭宋濂在岸边徒劳劝说，他始终不曾回头。宋濂看着那艘远去的小船在江雾中越来越模糊，又一次大声疾呼："戴良，他真的很看重你……"

宋濂想极力挽留戴良，他早已看出朱元璋非常赏识戴良，可惜戴良并不领朱元璋这个意，他只好和多年的老友分道扬镳。

戴良的船逐渐驶离婺州，他坐在船头喃喃自语："如今正是朝廷风雨飘摇之际，朱元璋就是那幕后推手。在抵御外敌这件事情上，即使我没出上力，也绝不能在这个时候投敌叛国！朱元璋就是再赏识我，我也过不去自己心里这道坎，我绝不会入仕。"

哪知命运这事，向来不由自己做主。喊着绝不入仕的戴良在离开婺州后辗转奔回元朝的怀抱，甚至在元至正二十一年（1361）还做了大元几省的儒学提举。可是元朝早已是大厦将倾，无法继续统治天下。看清这番形势的戴良又继续在南方各处奔波，明洪武六年（1373），他终于决定乘船返回故乡。未能料到的是，已是大明皇帝的朱元璋仍在留意他。

夜色渐深，戴良独自坐在船头思量："如今，元已是彻底亡了，可投奔明朝，做新朝贵臣一事我是决计做不来的。罢了，罢了，便隐于方外了此残生吧。"

小船一路顺流而下，当晚就到了临平（今杭州临平区）。清晨水雾缥缈之时，便到了杭州。经过吴山脚下时，戴良入住了钱塘驿。只因他早已打定主意，要隐居于四明山。四明山位于浙江东部，横跨慈溪（今属浙江宁波）、余姚（今浙江余姚）几县，临江又临海。若要往那处去，势必要歇脚于钱塘驿。

因此，戴良安心宿在钱塘驿之后，便速速叫了酒菜到房间，他预备好好享受在杭州的最后一夜。他独自靠在窗边，沉沉饮酒，饮下一大口，便望向对面那南宋时期的御街：想当初此处是何等繁华富丽，现在却隐约有些没落了。从前这里多的是勾栏瓦舍，现在却是人去楼空。一人独自吹着风，戴良愈想愈难受，如今半生已过，竟是从未尽全力于江山国土之上，心中的凄凉与困苦又有谁知道呢？旁人只道戴良深得新朝看重，谁人又晓得他对故国的一片忠义呀！

可是，如今说这些又有什么意义？还不如痛快饮下杯中美酒，离去吧，离去吧……夜更深了，戴良只觉得此生无比疲惫，趁着这涌动的酒意，便立即提笔成诗——《至杭宿钱塘驿》：

昨夜宿临平，今旦入钱塘。
明岑净朝气，回浦漾晨光。

隐隐吴岫出，遥遥越岸长。
棱棱见摛堞，戢戢睹攒墙。
堪叹游歌地，都非佳丽场。
楼台已阒寂，阛阓亦荒凉。
平生昧陈力，末暮忝为郎。
徒然感恩义，谁复听忠良。
晚投公馆宿，官烛何炜煌。
自怜无补报，饮愧绕中肠。

他把自己适才一番心绪起伏记录了下来，这不但是惆怅心绪的见证，也是为新的开始致辞。他将在钱塘驿告别昨日，也将在钱塘驿迎来新生。

不几日，戴良便到了四明山。在四明山隐居的日子里，他总是会担心宋濂："不知道当时宋濂有没有因我而获罪，不过他应当会明白我的心思。"戴良和宋濂志趣相投，文学品味也相似，所以成为至交好友。如今却因政见不合而分道扬镳数年，真是令人惋惜！

这样平静的生活，还会让戴良偶尔想到："倘若当初宋濂叫我一起归顺朱元璋时，我答应了，或许现在既不必隐世，也不会失去好友。"虽然已经过去若干年了，但他总是时常回忆起那天的场景——

那天，宋濂来到戴良的家里，说是有要紧的事情和他商量。

"戴兄，今天朱元璋又来找我了。自从他带领红巾军起义后名声大震，人们都叫他大明王，他杀伐决断，是个厉害角色。如今他对你青眼相加，想要将你收入麾下，不知你意下如何？"宋濂想要说服自己的好友一同为官。

南宋御街遗址陈列馆

戴良心中一震，沉默了片刻，对宋濂说：“朱元璋虽是一代良主，但你知道我的为人，身为元朝官员，我绝不可能去他那里做官。”宋濂没等他话音落定，就拉住他的衣袖，说：“那就不要应召，只是去见见朱元璋，也给他个面子！”戴良只好答应。

此时，朱元璋驻扎在婺州，他很想见见这位叫戴良的年轻人。之前他就听说过此人非但长得剑眉星目、清俊秀丽，有“美髯公”之称，还是一个学富五车的才子。据说，这戴良坐在桌前读一整天的书，也毫无倦怠之色。

这一天，宋濂带着戴良来到婺州，朱元璋问戴良：“听说读书是你一生的爱好，你都读过什么书？”

戴良并不想这么快就和朱元璋熟络起来，就随便应答了事。哪知朱元璋已经看出了戴良的心思，准备放下身段为自己求得良才。

于是，他说："早闻你是上知天文下知地理，医卜佛老无不精通啊！"

……

"甜言蜜语"总是让人耳根变软，戴良开始放下了对朱元璋的戒备之心。后来，他还在婺州住了很长一段时间。这段时间里面，朱元璋时常和他一起谈古论今，但他心中依旧从未更改初时的念头——绝不会在朱元璋手下办事！与此同时，朱元璋却通过这段时间对戴良的了解，更加坚信戴良是能辅佐自己的一代良臣。终于，他下令让戴良离开婺州，回去收拾行装，准备走马上任。

戴良心中的大石终于落地，这么久了，终于有机会虎口脱险。他知道朱元璋曾派大臣网罗各地的元朝官员，把他们挨个叫到婺州来，不来就杀头。想到这，戴良不禁打了一个寒颤。

这才出现了婺州渡口的那一幕。

此刻，戴良坐在四明山的茅屋门前望着远方，竟然记不清如今是自己归隐的第几年了。

然而，当年送别戴良的钱塘驿依旧人来人往，馆阁之内仍然有辉煌的烛火与美味的佳肴，可是却没人知道它曾经见证一代良才戴良在此处感伤国事、忧思未来。风烟俱散，静立于吴山脚下的钱塘驿早已消逝，唯有浩瀚的史书典籍之中还遗散着它的一点儿痕迹。

参考文献

罗海燕：《元代诗人戴良研究综论》，《新余高专学报》2010年第2期。

第二章

熙来攘往，市声何止柳浦渡

胥村驿：南北陆路交通要道

南宋《淳熙严州图经》："胥村驿，在县北二十五里，当临安府大路。"

生长在伍公庙的报春花又开了，一片暖黄色包裹着春日的阳光。

相传当年伍子胥为逃避楚王的追杀，入越国躬耕了一段时间。后来伍子胥成为吴国大夫后，他一心帮助吴国成就霸业，却被小人的谗言害死。他死后，吴国的百姓为了纪念他，就在吴山上修建了伍公庙。

除此之外，为了纪念他，人们还取了很多与伍子胥相关的地名。如：他经过的岭，杭州乾潭镇境西北和桐庐县（旧为分水县）交界处高耸连绵的山岭，叫胥岭；胥岭脚下有子胥溪；这条溪水的北岸又有一个渡口，名叫子胥渡；他曾经休息过的石洞叫胥岭洞；躬耕过的村叫胥村。现在的乾潭镇所在地，就是历史上的胥村。

南宋时期，宋高宗建都临安，他也不忘派人修葺伍公庙。后来胥村旁边建了一座驿站，又被称为胥村驿。胥村驿位于七里泷北面，胥溪入口处。这里四面环山，江面较为开阔，渡口也有高高的石壁，南北通达，河道便利，是南来北往旅人理想的休息之地。

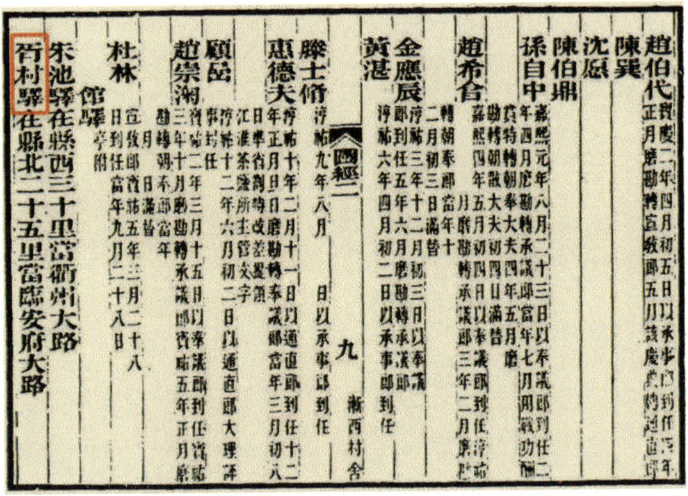
趙伯代
陳巽
沈愿
陳伯鼎
孫自中
趙希𠫵
金應辰
黄湛
滕士脩
惠德夫
顧嵒
趙崇㴶
杜林
館驛
东池驛在縣西三十里當衢州大路
胥村驛在縣北二十五里當臨安府大路

《淳熙严州图经》记载的胥村驿

明清时期，南方商业快速发展，有些商人的生意做得很大，经常南奔北走，杭州就是他们的中转地之一。胥村驿渐渐成为浙江北部平原的交通枢纽，吸引了众多商旅雅士，还留下了一座徽派走马楼。

如此看来，伍子胥可谓是和杭州有着千丝万缕的联系。那么伍子胥是怎么和杭州产生联系的呢？为什么杭州会有这么多纪念他的地点呢？

这还得从伍子胥辗转逃命开始说起。

伍子胥原本是楚国人，他的父亲是伍奢，哥哥叫伍尚。他们的祖先就是那个劝楚庄王励精图治的伍举。

楚平王在位时，伍奢是太子太傅，而费无忌是少傅。但费无忌是个三心二意的人，对太子并不忠心，于是借着太子娶亲的机会离开了太子，转而去侍奉楚平王。

费无忌这个人心思缜密，他思量再三，害怕太子日后登基对他不利，想要除之而后快。于是，他在楚平王面前说："大王，太子有谋反之心，他私下里结党营私……"楚平王听后当即火冒三丈："竟有这样的事？"他马上传唤伍奢，问他："伍奢，太子真的私下结党营私？"虽然伍奢一口否决，并让他不要听信小人谗言。但是楚平王最终还是选择相信费无忌，将和太子"一条心"的伍奢逮捕。

费无忌又开始在楚平王面前搬弄是非了，他说："这伍奢虽然抓起来了，但他还有两个儿子，要是不杀掉他们，必定会成为楚国的后患。不如将伍奢当作人质，把他们引出来。"

楚平王采纳了费无忌的意见，将伍奢软禁在宫中，派人递话称只要伍子胥与哥哥伍尚束手就擒，他们的父亲伍奢就能平安还家。

消息一出，忠厚老实的大哥伍尚不愿丢下父亲逃命，哪怕他知道这是陷阱，哪怕他明白去也许就是送命，他还是义无反顾。

伍子胥只好苦口婆心地劝说哥哥："楚平王让我们去王宫不是要给父亲一条生路，只是想以父亲为诱饵，将我们一家人赶尽杀绝罢了！不如我们先去投奔他国，借助他们的力量给父亲报仇雪恨，也好过现在去自投罗网。"

伍尚听后却坚持己见，说："伍员，你自己逃吧，留住性命替父报仇。"

只是没想到，就在他们决定要不要逃离楚国的时候，外面已经围了一圈士兵准备逮捕他们。眼见这些士兵快要破门而入，伍子胥听到声响，眼疾手快，立马拿起架子上的长弓，对着门口佯装要放箭。

刚刚闯进门的士兵看见对方竟有武器傍身，顿了一下。就是这一会儿的工夫，伍子胥便跳窗逃走了。这个时候，太子建也得知伍奢下狱，知道自己必受牵连，已经逃往宋国。所以伍子胥在逃出生天之后，也追随太子脚步去了宋国。

万万没想到，伍子胥刚到宋国，就遇上了华氏作乱。不愿搅入其中的伍子胥，又和太子建改去郑国。郑国倒是对他们很友好，可惜后来太子建为了游说晋顷公帮助自己重返楚国，他又独自去了晋国。晋顷公哪有那么容易就帮他的忙，他提出："要我帮你重返楚国，除非你太子建做晋国的内应，帮助我灭掉郑国，否则免谈。"

再三思考后，太子建受不住诱惑，便答应了下来。只是没想到，自己在晋国的一举一动早就被监视。他一回到郑国，这个眼线立马就把他的计划告诉了郑国国君。郑国国君听后非常气愤，怒道："枉我待他如贵宾！"马上就杀了太子建。

伍子胥闻讯，害怕自己被当作太子建的同伙，于是只得继续逃亡。这一次他预备逃到吴国。相传，他就是在这次逃难的过程中，来到乾潭（今浙江杭州建德北部）的大畈村，与杭州结下了不解之缘。

伍子胥日夜兼程地赶路，希望能够早日到达吴国。一天，他赶路路过大畈村时，一个村人碰见他，看见他穿得破破烂烂的，头发也散乱着，一副失魂落魄的样子，好心上前说："义士，跟我回村里歇口气，吃点东西吧。"

伍子胥赶了这么久的路也累了，欣然答应。

村里人听说来了个陌生人，纷纷跑去询问情况。但伍子胥没有吐露实情，只说自己无家可归，流浪至此。村民们都想尽自己的力量帮助他渡过难关，纷纷劝他就在村中住下，等休养好身体再做打算。经过深思熟虑，伍子胥觉得暂居此地未尝不是一个好选择，毕竟后有追兵，自己必须隐藏在人群中。于是，他就这样在大畈村住下来了。这些村民真挚淳朴，如果伍子胥不是一心复仇，大畈村倒是个好住处。

接下来的一段时间，伍子胥就像本地人一样生活。他虽然出身贵族，没有参加过生产劳动，但他并没有做衣来伸手饭来张口的人，而是跟村民们学习耕作，靠自己的双手吃饭。在这段日子里，他备尝了世事艰辛，也体察到下层民众的疾苦。

他在这里一住就是两年多。到了第三年的春天，伍子胥觉得是时候离开了，于是他挨家挨户地上门，向各位乡亲道别，感谢村民们这两年对他的收留与关爱。而后他便来到富春江边，买舟东下，去吴国都城（今江苏苏州）。

就是这样，大畈村才有了一个别名——胥村。

后来南宋时期在临安府大路建立的驿站——胥村驿，也是根据胥村命名的。

驿站，往往具有接待公务人员和邮递的功能，选点非常重要。为什么要在胥村的附近修建一个驿站呢？

驿站的建立不是平白无故的。

胥村烟雨景

大畈村位于严州府到临安府的大路上，它是南北陆路交通要道，是临安经严州去往金华、衢州以及赣西、皖南、闽北的必经之地。它正好在交通要道上，正好方便为官方人员、物资和信息往来服务。而且驿站之间的距离也是有规定的，两个驿站之间只能相隔半天到一天的路程。从胥村驿到严州府，需要翻越乌龙岭。翻越乌龙岭，身体好的年轻人大概需要三四个小时，而年龄大一点的、身体孱弱一些的就需要大半天。在这个位置设置胥村驿，恰恰考虑了乌龙岭这个地理障碍，人们路过时可以在此歇脚。

除此之外，驿站的设置，还需要依附村落。因为驿站需要为歇息住宿的人员提供物资供应和安全保证，所以要有临近且可以供应物资的村落才行。因此，恰恰是因为有了胥村，才具备了设置胥村驿的物质条件。胥村驿的建立，为南北陆路交通带去了便利，同时也拉动了附近经济的发展。

胥村驿的设立初衷是为了方便杭州与严州的来往，但随着朝代更替与风雨侵蚀，胥村驿也慢慢被闲置。它的屋舍倒塌再重建，诸多设施的样式也不断更换，到明清时期已经面目全非了。如今，一场历经千年的身份转换已经完成，胥村驿的本职工作被历史封存，现在的它变成了去建德市旅游的必到景点之一。

参考文献

杨斌：《伍子胥到过建德吗》，2019 年 12 月 4 日，http://www.hangchow.org/index.php/base/news_show/cid/5712。

杨观自在：《宋代的乾潭》，2019 年 4 月 16 日，http://www.hangchow.org/index.php/base/news_show/cid/4251。

白塔岭下柳浦渡：见证江、河、海千帆竞发

据清朝初年《读史方舆纪要》记载："柳浦，在府城东南五里，候潮门外。江干有浙江亭，亭北有跨浦桥。六朝时，谓之柳浦埭。"

柳浦筑城，一位军事家的战略眼光

隋朝越国公杨素站在柳浦渡口，望着眼前这片光景，心中充满了成就感。柳浦渡口军事城堡总算是修建完成了——

隋开皇十年（590），天空一碧如洗，杨子渡上整齐地排列着一艘艘装备齐全的战船，桅杆上的帅旗在空中随风摆动，猎猎作响。一位身穿将军战袍的男子站在甲板上，他身躯威武，仪表端庄，长长的胡须更显得他丰神俊朗，霸气十足。他就是此次征讨叛军的行军总管——杨素。

前几月，在前陈管辖的境内，相继出现了许多起义军，势力大的有数万人，小的有几千人。这些想要为民做主、替天行道的起义军，同仇敌忾、互相声援，对刚刚统一全国的隋朝来说是不小的威胁。发生这些，宰相苏威脱不了干系，他非要编写《五教》的课本强制老百姓诵读。

老百姓好不容易摆脱了前陈的腐朽统治，盼来新朝，谁知道竟然出了这么一个荒谬的规定。这不但引得百姓

对朝廷不满，而且也给了起义军一个起兵借口。

哪里有压迫，哪里就有反抗。平日里逼着他们诵读《五教》的县令，被这些起义军抓起来后，刨肚刮肠，以泄他们心中之愤。江南大乱，隋文帝任命之前因攻打江南有功得封越国公的杨素为行军总管，命他率军前往江南平乱。

随着一阵战鼓擂动的声音，杨素大军扬帆起航。他带领军队，历经大小百余战，才将叛乱基本平定。随后他又采取招抚办法，适当宽松政令，善待地方势力，各地这才逐渐稳定下来。

不过仍然有些叛军残余逃到越、闽（今浙江、福建）沿海一带。本来想要继续征讨的杨素大军被朝廷召回休整。第二年，杨素担心这些残余势力死灰复燃，再次请命征剿。

就是在这一次清剿过程中，率大军前往杭州、会稽（今浙江绍兴）一带的杨素，做了一件具有重大意义的事情——在柳浦渡建造了一个军事城堡。

汲取去年平叛江南之乱的经验，杨素意识到一个问题：如果钱塘江要塞被南岸的会稽独占，要是会稽发生叛乱，那么钱塘江地区很容易被攻取。这样一来，我方必定处于劣势，甚至有可能会因此丧失主动权而打败仗。所以，必须要在钱塘江北岸寻找一个地方作为制衡点。

这天，天气晴好，杨素来到钱塘江上。他举目望去，钱塘江上舟楫如梭，乘风破浪。钱塘江的两岸，江北江南各有一个繁华的渡口，一名柳浦渡，另一名西陵渡。他将眼光放在了前者身上。

柳浦渡口早在六朝时就已是水陆交通要道，当时被称为“柳浦埭”，与对岸的西陵渡遥遥相对。据《宋书·孔觊传》记载，孔觊曾派遣孔璪、王昙生与吴喜有过一战，但惨遭失败，只能逃走。吴喜便利用当时的柳浦埭前去追捕他们。

柳浦在今天杭州凤凰山东麓的三廊庙一带，这附近有相当面积的可耕土地、充沛山泉及就近可取的山林柴草。柳浦渡恰好居于江、河、海（钱塘江、运河、东海）的要冲，和西陵一起连接钱塘江两岸的水路交通，是十分重要的渡口。

杨素以他军事家的敏锐眼光认定柳浦就是最佳制衡点，这里不仅可以连接浙江东西，方便交通，甚至还能帮助控制闽、赣、皖等地。于是他立马在北岸的柳浦西丘陵高处征调物资、兵士，依山筑城、傍河建州，筑建了一个呈四方形的军事城堡。

这个州城并不大，周长为三十六余里。城垣东临盐桥河（今中河），南达凤凰山，西濒西湖，北抵钱塘门，东划胥山（即吴山）于城外，西包金地山（即云居山）、万松岭于城中。设有钱塘门（至清犹存）、盐桥门、炭桥门、凤凰门。[①]建成后定名杭州城，同时把钱塘县衙也从山中搬迁到这里。这是历史上杭州第一次大兴土木建设城池，由此形成了古代杭州的城市雏形。

这个建在柳浦渡边的杭州城，逐渐发展为当时规模较大的城市。到后来，这座城市甚至两次成为一国都城，这都与柳浦的地理位置有着不可分割的关系。

①陆鉴三：《城⋯三重 纵宽横⋯》，载《吴越⋯府杭州》，浙⋯人民出版社，⋯997年。

承上启下柳浦渡，南来北往迎商旅

唐长庆二年（822），白居易调任杭州刺史。刚来到杭州的他，因府邸还没有收拾好，只好暂时住在柳浦渡旁的樟亭驿中。

一晚，他本想早点入睡，再做个好梦，结果却被窗外的嘈杂声吵得睡不着觉。原来今天晚上，从外省来了一批商队，在柳浦渡登陆。商队十分庞大，都过了小半夜，还在搬运不可胜数的货物。这可苦了白居易，他被心中的烦闷以及码头处的喧闹搅得一夜不得安眠。

就在白居易陷入自己背井离乡的愁肠百结中时，柳浦渡上卸货运货的商人们，却没有他这样细腻的心思，他们只想把自己的货物妥妥当当地搬上码头，再顺顺利利地换成银子，此次杭州之行就算圆满收场。

天已经微微亮，得抓紧时间卸货。“快，跟上！”领头的那个大胡子喊道。

搬货工人们一手扶着扛在肩上的货物，一手擦了擦顺着脸颊留下的汗水，忙不迭地回答：“来啦！”他们已经工作了大半夜，却依旧干劲十足，为的就是靠自己的双手让家人过上好日子。

在柳浦渡上，拥有如此质朴理想的工人有很多，就是他们用自己的辛勤和汗水，承托起了柳浦渡的繁华。

回想昔日的柳浦渡，不过是一个柳树遍野的小小村落，后来随着江南运河的开凿，它一下子成了钱塘江、大运河、东海三者的中转站。然而，这江、河、海因为水位不同，并不能直接通航，所以迫切需要一个枢纽来承担起为过往船只迎来送往的重任。这时，柳浦渡便应运而生，它在杭州辉煌的水运史上留下了浓墨重彩的一笔。

柳浦渡修建以后，南来北往的客商便开始从这里转乘船只。这样一来，他们既可以顺着东海漂洋过海，也可以溯钱塘江而上，到达富阳、桐庐、建德、金华等县，甚至还能到达安徽。柳浦渡是江浙一带内陆水运的必经之地，甚至来自日本、朝鲜和东南亚的一些船只也在这里停泊。客商一多，杭州的经济自然而然地就被带动起来了，其繁荣程度可见一斑。

一夜未睡的白居易，到了天明，一打开窗户，就看见精力充沛的船工们在大声喊着号子，将一箱又一箱的货物从船舱搬上岸。脚穿草鞋，打着绑腿的挑夫们在春寒料峭的早晨仅穿着单薄的内衫，常年裸露在外的肌肤泛着黑色的光泽。他们用硬木扁担将货物挑起，一趟一趟运进城里。

虽然这些货物很有分量，重得将他们的脊背都压得有些弯曲，可这丝毫不影响他们结伴而行的快乐。他们大声交谈着家长里短，提到过年能给家里老父打壶浊酒，扯匹粗布给妻儿做身新衣，脸上满是开怀的笑容，眼中是满满的希望。是不断增多的商船，改变了他们的生活。

他们原本都是附近村子里的农夫，一大家子靠着几亩薄田过活，求老天爷施舍几口饭吃。但此时的杭州没几块肥沃的田地，都是贫瘠的盐碱地，田地收成都不怎么样。还时不时来一回旱灾涝灾，要是刮台风，庄稼直接就被毁坏了，日子是真难挨。

现在好了，农闲的时候，他们这些壮劳力就在这里帮着运送货物。干活是苦是累，但他们只要想到能多挣几个钱让家人吃饱穿暖，再苦再累，也浑身有劲。农家汉子不怕干活，只怕一年苦到头挣不到钱，让家人饿肚子。他们打心底里感谢柳浦渡，是这个渡口给了他们一份副业，也给他们带来了生活的希望。

白居易将这一切都看在眼里，跟这些努力生活的船工和挑夫相比，他觉得昨天晚上的自己似乎有点过于矫情，颇有点无病呻吟的意味。他转念一想，无论朝中局势如何，自己的处境如何，现在自己既然成了杭州的刺史，就要在其位谋其政。想到这些，他再也没有心思补觉了，只想去杭州城里转一转，了解一下这座城市。

他从驿馆一出来，就来到柳浦渡口，从渡口乘渡船逆流而上，开始了一天的微服私访。

柳浦渡夜市，古杭州人民的丰富夜生活

唐朝有个叫杜荀鹤的诗人，在某个春天的夜晚，他独自一人来到了柳浦渡游玩。温柔的江风吹拂着他的衣襟，同时也撩动着他的心。他已经迫不及待地想到柳浦夜市瞧一瞧。

这柳浦夜市就在柳浦渡口。柳浦渡从六朝时期开始繁荣，到中唐仍旧不衰，南宋时更是凭借政治中心的东风，到达了巅峰。当时，柳浦渡口的造船业十分发达，有数家造船坞，可以建造能载五千料的大型远航船。这种船能储备下船上所有人员一年所用的粮食。还有一种有八支橹的近海船，能载一百多人。柳浦渡边建造的游湖画舫更是一绝，雕梁画栋，美轮美奂。

柳浦渡凭借承上启下的绝佳地理优势，将杭州的商

业带动了起来。甚至在民国时，由于靠近铁路，柳浦渡还被称为“小上海”。就连作为观潮胜地的“樟亭驿”，也是因为柳浦渡火了以后，这一处妙地才被唐朝朝廷发现。因为此处是驿路的必经之地，所以柳浦渡的附近建有官方招待所“樟亭驿”。樟亭驿供来往的官员在此食宿、换马，又在一定程度上促进了柳浦渡的发展。

时势造英雄，历史大潮造就了柳浦渡这个“码头英雄”。

杜荀鹤刚刚到达渡口，只见停泊在渡口外的船只首尾相接，似要将这里围个水泄不通才罢休。远远望去，此时渡口上的夜市，灯火通明，亮如白昼，熙熙攘攘的人群在夜市里进行各种交易，热闹极了。

他来到夜市上，见到这里的商品琳琅满目，有本地的土货特产、各地的吃食杂货、海外的珠宝香木……各式各样不一而足。看着夜市上来来往往的人，杜荀鹤心想：还真是热闹哇，看他们的穿着打扮，居然不乏一些达官贵人。如此美好的江边夜景和一旁喧哗的夜市，一动一静，竟然有种奇妙的和谐。

杜荀鹤在夜市里转了转，突然见到以前没有见过的小玩意儿，立马问卖货人：“这个小东西多少钱？”

卖货人笑道：“不多，不多，只三文。”杜荀鹤听到这么便宜，爽快地付钱买走了。之后他还买了一些之前没有见过的香药、奇物，手边的小包已经装满，他打算离开了。可是看了看江景，他又停下了脚步，坐到了江边的一块石头上，吹着江风，哼着小曲，一副心情不错的样子。远处白塔岭上的白塔就像水上往来舟船的航标，日夜挺立在江边，为过往的船只指明方向。幽幽夜色，渔火点点中，白塔好似庄重典雅的月宫仙子，十分引人注目。

杜荀鹤想起自己前天站在白塔岭上看到的江景，极目望去，宽阔的江面上，百舸争流，帆樯如云，颇为壮观。这个白塔就像杭州的地标，当你经水路驶向杭州时，看到白塔你就知道，杭州快到了。而当你离开柳浦渡时，白塔就像热情好客的杭州人民，目送着你渐行渐远，等到你已经走远了，在大江的柔波里，你还能看见白塔隐约的倩影。

对于柳浦渡口的繁荣和美丽，杜荀鹤一直念念不忘，即使他之后回到安徽，那晚在夜市的所见所闻，以及渡口边的涛声和江风仍旧在他的脑海中挥之不去。以至于后来的某天，他的好友要去吴越游玩，前来和他辞行，他还特意推荐柳浦渡的夜市。那夜的情形一下子又浮现在心头，杜荀鹤一时诗兴大发，写下了《送友游吴越》："……夜市桥边火，春风寺外船。"

送别时，杜荀鹤还说："想象一下，一个春风沉醉的夜晚，山寺敲过了晚钟，四周一片宁静祥和。顺着河一路游玩，河上漂满挂着各色彩灯的画舫。不远处小桥秀丽温婉，桥边灯火辉煌，充满热闹和喧笑声的夜市，一片人间烟火，红尘温软。多美啊！"说罢自己都连连称赞，又说，"你一定要去感受一下柳浦渡的夜景啊！如此，才不虚此行！"

友人笑道："一定，一定。"

在杜荀鹤送别友人的时候，柳浦渡正在"招待"着络绎不绝的过客呢！

《西湖行宫图》中的白塔岭

如今，“柳浦渡”这个名字已经很少有人提及，生活在这个地方的人们将它称为“安家塘区”。随着20世纪铁路的开通，这里建起了一间间工厂，过往客商集聚此地，让“小上海”的名气越来越响。安家塘区的甘泉湖水质清冽，堪比虎跑泉。它多年来沉淀的古驿文化、铁路文化、甘泉文化与樱桃文化都将化作新时代的发展动力，推动安家塘区打造出一片新天地。

参考文献

应群颖：《丝路古渡，清湖十七埠》，《文化交流》2019年第3期。

孙跃：《樟亭倚柱望潮头——杭州历史中的樟亭驿》，杭州出版社，2016年。

龚玉和：《柳浦渡口话旧事》，《杭州（生活品质版）》2015年第5期。

塘栖码头：元末张士诚予其勃勃生机

清光绪《唐栖志》记载："迨元以后，河开矣，桥筑矣，市聚矣。"又说："唐栖官道所由，风帆梭织，其自杭而往者，至此少休；自嘉秀而来者，亦至此而泊宿。水陆辐辏，商家鳞集，临河两岸，市肆萃焉。"

旧运河狭窄难通航，张士诚下令建新河

"上有天堂，下有苏杭"，多少年来，来杭州观光打卡的游人绝不会错过的地方，除了西湖还有塘栖古镇。塘栖古镇在杭州市临平区，明清时雄踞"江南十大名镇"之首的它，在千百年前只是一个小小的渔村，仅有三三两两的渔民在此居住。

关于塘栖的最早记载出自清代《唐栖志》：早在公元前 480 年，越王勾践兵败退守会稽，曾在塘栖武林头建筑关防和屋舍。此时已经出现塘栖，但塘栖具体起源何时已不可考。

元朝末年，张士诚起义反抗元朝的残暴统治。他占据浙江后，为满足自己的军事需求，将京杭大运河进入杭州的河段进行改道，使连接南北的大运河穿塘栖而过。此后，人们临河而居，往来商贾漕运船只急需一个码头停靠。塘栖码头，应运而生，而这一切还得从泰州的一个盐场说起。

元朝末年，盐场上的盐丁们头顶烈日，赤脚踩在盐

塘栖古镇

水中，手上正不停地锤砸盐石。在长时间的盐水浸泡下，他们一双脚几乎没一处好皮。

从清晨到现在，他们滴水未进，在太阳的炙烤下，都有些虚脱了。可他们却不敢停下来稍作休息，因为元朝政府那花样繁多的苛捐杂税，不拼命是付不起的。

盐工们所遭受的痛苦，被一个人看在眼里，记在心里。这个人就是同样天天与盐打交道的私盐贩子张士诚。张士诚出生在泰州（今江苏泰州）一户贫苦人家，从很早的时候就同自己的三个弟弟一起运盐谋生。起初，张士诚并不是私盐贩子，而是负责运输官盐的。

元朝末年，政治腐败到极致，国家财政入不敷出。

为解决这个问题，朝廷大量增发盐引（宋以后的政府发给盐商的食盐运销许可凭证），不断哄抬盐价。张士诚无奈发现，官盐运输已经不足以养家糊口，反而是贩卖私盐利润较高，干脆就做起了私盐贩子。但他们兄弟几人经常遭受豪强劣绅的欺辱，有的人甚至还以他是私盐贩子为由威胁他，趁机欠钱不还。

元至正十三年（1353）正月，一个月黑风高的夜晚，张士诚和自己的弟弟以及李伯昇等十八个大胆的盐民抄起扁担起事。一群人先杀死经常羞辱盐丁的丘义（管理盐丁的人），接着冲进当地的劣绅土豪家，将他们的粮食和钱财分发给穷苦百姓，最后一把火把他们的府邸烧得精光。

因此事，张士诚成了泰州官府通缉的对象。他想：人也杀了，火也放了，被官府抓到注定一死，横竖不就是个死！他决定要做自己命运的主人！于是他一不做二不休，踏上聚众反抗元朝腐朽统治的起义之路，誓要给自己争得一份前程。

张士诚平日为人十分宽厚真诚，谁有困难他都会竭诚相助，因此在盐丁中颇有声望。正式起义前，他做了一番诚恳走心的事前宣传工作。长期被欺压的盐丁们一呼百应，立刻推举他为首领带领他们起义。

此时天时地利人和，张士诚的起义军气势如虹，攻势猛烈，迅速攻下泰州、兴化和高邮。他还在高邮自立为王，建国大周，建元天祐。

元至正十五年（1355），张士诚留下小部分队伍留守高邮，自己率领大部队南下，攻克了平江。

平江的承天寺虽年久失修，略显破败，但依然庄严肃穆。身披战袍的张士诚在众将的簇拥下，走进承天寺的大门。他站在大殿中间，对众人说道：“从此以后，这里就是诚王府，平江是我们的新都城。你们各自安顿，但切记不能伤害无辜百姓。”此后，张士诚将平江改为隆平府，迁都在此。

在平江称王的张士诚很快就将整个浙江都纳入麾下，占据江南富庶之地后，他成了当时实力最为雄厚的几个起义军首领之一。因频繁打仗，张士诚急需大量的粮草，而粮草的运输在当时走水路更加安全便捷。

连接平江和杭州的河道，是隋炀帝当初所修建的运河。时过境迁，这条古老沧桑的运河此时已经过于狭窄淤塞，商船来往尚且不便，张士诚的军船又如何能够行驶呢？

张士诚是个著名的实干家，既然已有的河道无法满足自己的需求，那就重新修筑一条运河。此念头在脑海一出，他立马派遣属下招募了军民共二十万人开挖新运河。这条年轻的运河从武林头到北新桥，又直通江涨桥段的运河航道，长四十五里，宽二十丈，名为新开运河。

自此，新开运河也成为江南运河的一段。江南运河流经苏州的时候，分别形成东、中、西三条航道。这三条航道纵贯江浙两省最富饶的水网地带，它们都穿过塘栖进入杭州。

塘栖距杭州还有半天水程，南来北往的商旅在进入杭州之前，都乐意在塘栖休整一番。他们带来的种类繁杂、数目庞大的货物就在这里转运和销售。如此，塘栖便出名了。人们都知道杭州有个塘栖码头，在那里你可以买到任何你想要的货物。

张士诚兴修运河的本意是为巩固自己的政权，没承想他的政权没能持续几年便土崩瓦解，反倒是他修建的这条运河一直沿用至今。张士诚无心插柳，却就此留名青史。

新开河穿塘栖而过，外来的新鲜事物也走进塘栖，塘栖镇就这般借着塘栖码头慢慢崛起。

新运河的修建让塘栖码头成为南北交通要津，而广济桥的修建，则将塘栖两岸聚落连接在一起，让塘栖镇走向繁荣。

广济桥修建迫在眉睫，陈守清铁链加身求募捐

元末张士诚修建的新开运河使得塘栖码头兴起，而码头上来来往往的人一多，就常发生事故。这些人有的要渡河有的要上岸，虽然塘栖码头已经具有一定规模，但遇到风大雨急的时候还是有较大的压力。

这种情况持续多年，直到明朝一位普通的商人来此，才改变了塘栖码头这种糟糕的局势。

明弘治二年（1489），宁波商人陈守清的船又一次停靠在塘栖码头。他经常往来于苏杭之间，对塘栖有一份特殊的感情。无论旅途多么疲惫，或生意多么不顺，只要在塘栖歇息一天，看着运河上舟来楫往，帆影点点，他的负面情绪就能被美丽的江景冲淡不少。这里的每个人，他只是远远地望着，就知道他们满怀着向上的活力。他们为了生活努力奔忙的样子，也让陈守清在面对失败时能够勇敢地迎难而上。

这天，陈守清早早地把船停在埠口，照例来到河边的小酒馆。外面已经刮起大风，乌云沉沉，实在不是行船的好天气，但这可以让陈守清停下来歇上一歇，看看运河的风光。

为了更好地欣赏运河风光，他特意选择了一个靠窗的位置，一边喝着小酒，一边和店家说些闲话，好不惬意。正当他转过身回答店家问话的时候，突然听到窗外嘈杂的议论声和声嘶力竭的呼救声，转头一看，原来是一艘满载旅客的渡船被风浪拍打得直转圈，惊恐的乘客不断被甩出舱外。

看到这一幕，陈守清疾步走出酒馆，想去帮忙。但河面风浪太大，陈守清只觉得束手无策。正当他还在竭力想法子时，河边已站满了前来施救的人员。可是纵使来得迅速，却终究抵不过大自然的力量。没等他们够上那船沿，客船就已经侧翻在水中。

说来，出了这档子事还得怪那通济桥的坍塌。塘栖古镇早年间有座通济桥，是唐代著名石匠尉迟恭所建。这桥是塘栖两岸百姓过河往来的要道。可惜年久失修，通济桥有一日突然坍塌。从此以后，塘栖两岸的居民只能靠渡船过河。渡船虽也算便捷，却要看老天爷脸色。若渡船时遇到大风天，稍有不慎，就可能落个船翻人亡的后果。每年因此带走的人命谁也不知道有多少。

陈守清来往杭州很多年，对于渡船时常失事早有耳闻，可这却是他第一次亲眼见到。他看着渡船上那一条条鲜活的生命转瞬即逝，内心不得平静，他想：我陈守清做生意这么些年来也算是走南闯北，五湖四海都走遍了。“天有不测风云，人有旦夕祸福”这个道理我早知道，人命是如此珍贵，又是如此脆弱。他们都像我一样，有自己的家庭和亲人。也许渡过河，便能拥抱自己的孩子和父母。而在翻船落水的那一刻，所有的一切都化作泡影。不知这河底下还有多少条生命？

这个栉风沐雨的钢铁汉子，生活给予的重担不曾压垮他。陌生人生命的陨落却带给他沉重的打击，陈守清在人群中泣不成声。

巨大的悲痛过后，陈守清做出一个决定——他要助塘栖人修桥，就在通济桥的原址上，为他们搭起一座生命之桥。

陈守清清楚自己绝不是一时冲动，他深知修建一座桥不是易事。为了尽快动工，陈守清带头捐出自己经商多年积攒的一点薄财，并且发动镇上的所有人进行捐款。只是，这点钱对于建造一座石桥来说，实在是杯水车薪。陷入资金短缺状况的陈守清想到自己见过很多苦行僧为了建桥、造寺，都是摇着铃铛到处募捐，他当即决定要效仿那些人前往京城“化缘”。

为了让这场“化缘”更加真诚有效，陈守清不顾家人的反对，毅然削发为僧，沿着京杭运河北上京城。一路上，他不是摇着铃铛化缘，就是用铁链把自己绑着坐在街头。一个大男人为了和自己毫不相干的一件事，不顾颜面，不顾家庭，好多人都说陈守清疯了，但更多的人还是被陈守清这种执着的精神所打动。后来，陈守清的举动传入了皇宫。皇室听闻陈守清的义举，决定给他捐款。太皇太后资助银两四百二十两，皇太子助银三十四两。那些达官贵人们一看皇室都捐赠了，纷纷慷慨解囊。

历时九年，从杭州到京城，从平民百姓到官宦人家，陈守清说尽了千言万语。所幸，他的苦没有白受，广济桥终于在明弘治十一年（1498）建成。

建成那天，陈守清饱经沧桑的脸上露出了这么多年来难得的笑容，九年磨一剑，他多年的坚守终于成真。陈守清看着依然活力四射的运河，再想想在那场沉船事故中丧生的乘客，他在心里说了一句："你们可以安息了！"

广济桥建成后，百姓们再也不用渡船过河，而塘栖两岸的村落也被这座桥连接在一起。广济桥是一座全长八十三米，共有一百六十九级石阶的七孔长桥。它顶宽四米，顶高十三米，中孔跨径十五米，是一座宽敞结实的石桥。从建成之日起，广济桥便成了塘栖的象征，也是塘栖的根魂所在。这不仅仅因为它勾连起塘栖水南水北两岸市街，更因为陈守清所留下的一心为人、坚守信念、敢于担当的精神。

同时，塘栖码头也因广济桥的修建而发生许多变化。如今广济桥的修建缓解了塘栖码头的交通压力，也使得塘栖码头的功能变得更加纯粹，成为全国著名的货运中心。各地的生意人都来到这里交易买卖，塘栖镇的经济愈发繁荣。

如今，广济桥还伫立在那儿，为众人诉说着数百年来桥下发生的故事，见证着塘栖古镇兴衰的历程。

运河长桥兴古镇，八方商旅聚塘栖

清道光年间（1821—1850），一进入四月，塘栖码头又开启一年中最繁忙的季节了。

广济桥

此时，塘栖镇在浙江的经济地位已经不容忽视。五湖四海的商人们都渴望来塘栖镇做生意。从早晨直到深夜，塘栖码头不断有货物靠岸，岸边的工人早早地排成长龙在搬运货物。这些来自大江南北的货物有条不紊地进入到塘栖镇大大小小的店铺中，等待有缘人来将它们带走。

这时的塘栖镇各种集市十分繁荣。春秋之际，交易往来最为兴旺。朝市，从凌晨开到午后。自然，有朝市就有晚市，晚市是让老百姓们买菜回家做饭的，集市上大多是鱼肉荤腥的食材。还有就是随着庙会兴起的庙会市，庙会市辐射范围极其广泛，每到开市之时，塘栖镇四周的百姓都会蜂拥而至前来买卖。除此之外还有香市，香市热闹极了，苏州、嘉兴等地的香客纷至沓来，他们会在塘栖留宿，并为运河两岸留下“市门相向锁长虹，画舸奔云趁晚风。萧歌声喧春梦杳，两廊灯火映溪红”的景象。且一到香市，塘栖的热闹就会比往日更甚。

天还没亮，塘栖本地人韩应潮[1]，一早就来朝市买东西。新上市的枇杷、青梅散发着迷人的清香，一大早从自家菜园里采摘的蔬菜还沾着露珠，显得青翠欲滴。他买了一些应季的水果，看天色尚早，便提溜着水果穿过塘栖最有名的“廊檐街”。关于这个廊檐街，清代诗人王拭还专门写过一首诗：“摩肩杂沓互追踪，曲直长廓路路通。绝好出门无碍雨，不须笠屐学坡翁。”

塘栖镇的商店比较特殊，商家直接把街道作为门面的第一进，全镇的街道就像一条弯弯曲曲的长廊。即便是阴雨天气，也丝毫不影响这里的商品交易。廊檐街临水一侧的“美人靠”，其实也就是现在我们说的长椅，三三两两地坐着来自各地的商旅游客。他们操着不同的方言，却异常和谐地交流着一路的见闻。

穿过廊檐街，又走进了曲折狭长的弄堂，看了看弄堂两边高高的封火墙，走在青石板路上的韩应潮准备去昨天那家说书的茶楼。这个时候可没有手机和电脑，大家十分热衷的消遣项目就是说书。

塘栖最兴盛的时候有几十家茶楼，几乎家家都有书场。一扇粗糙排门出现在韩应潮面前，进了排门又是另一番天地了，装修奢华的茶楼在几进几出的大院子里。塘栖古镇几乎所有的店铺都是这样，外表朴实无华，内里大有文章。

①韩应潮，字生江，号琴溪。今杭州市临平区塘栖人。光绪《唐栖志》对其诗收录甚多，其中《栖溪风味十二咏》至今广为流传。

韩应潮刚一坐下，茶楼的伙计就拎着热水从后厨走出，要来为他泡茶。跟韩应潮一个桌子上的是几个来自外地的商人，不知不觉，他就主动和这些外地商人攀谈起来。

通过谈话，韩应潮才知道，这些商人准备在塘栖开店。当时，在塘栖可以见到来自全国各地的商人。塘栖在这些商人眼中近乎天堂，在这里，钱财仿佛唾手可得。

本地人主要经营农副产品，比如米、丝绸、山货、木材，这和杭商经营范围差不多。而其他的外地商人经营范围就大不一样了：徽商经营当铺、米行，也卖茶叶、漆器；甬商主要经营海产、药材以及日用百货；绍商主要从事水产捕捞、养殖、货运等；闽商则将家乡的土特产桂圆、荔枝运往塘栖。虽然古代没有网购，但是在塘栖基本上能买到全国各地的商品，难怪它是“江南十大名镇”之首。

韩应潮与这些外地商人相谈甚欢，一不留神，台上的说书先生竟已离场了。他只好与这些人告别，转而回家。家在对岸的他优哉游哉地踱到了广济桥旁，已近中午，一路走来人更多了。雄伟的广济桥两岸，各种商铺沿水而建，鳞次栉比，千百个酒帘随风飘动。每个店铺都有各自的河埠码头，一旦有自家的货船停靠在此，店里的伙计立即就会前去卸货并搬入店内。

韩应潮摇晃着手里的水果，心里想到了晚市的时候，再过来买点肉吧。这就是塘栖人一天的悠闲生活。

塘栖这一方热土，来得了商人旅客，当然也来得了文人骚客。辉煌的历史已经翻过去了，但是无数文人的诗却留在了这里，为我们重现当年的繁华。

宋代诗僧释永颐的"娓娓听乡音，时时溶侧耳"，表达了他对塘栖的满腔爱怜；明代卓明卿的"碧树围平野，溪风引暮凉。越歌征白雪，吴唱起沧浪。偶聚星临座，闲眠月到床。不知修竹外，飞露湿琴张"写出了塘栖水乡的典雅明丽……

这是塘栖码头带动起来的塘栖镇。因塘栖码头的存在，塘栖镇才成为交通要津和经济重镇。在现代交通运输高度发达的今天，塘栖码头虽然失去了它的交通地位，但塘栖镇依旧散发着历史的魅力。

参考文献

曹燕、李飞：《杭州塘栖古镇：想象的古镇光晕与退场的水乡生活》，《决策探索（上半月）》2014 年第 2 期。

龚玉和：《悠悠运河塘栖行》，《杭州（周刊）》2017 年第 18 期。

刘见华：《变化万端的河道　长存的帆樯林立》，《青年时报〈我城周刊 · 运河别册〉》2014 年 6 月 25 日，第 B2 版。

虞铭：《塘栖艺文志》，浙江摄影出版社，2006 年。

江涨桥旁，鱼蟹码头兴起背后的故事

清人高鹏年《湖墅小志》引《竹寮夜话》：“江涨桥与华光桥，作八字式，河面极为开阔。入夜，蟹火渔灯，如天上繁星，辉映岸上。”

鱼蟹码头，宋朝百姓的水产采购地

入夜，江涨桥（今位于杭州市拱墅区）畔，极为开阔的河面上穿梭着各式各样的渔船，渔船上星星点点的灯火就像繁星一样点缀着夜空。这些渔船正准备停靠在江涨桥附近的鱼蟹码头[①]。一时间，鱼筐落地的声音、橹桨划水的声音、来回跑动的脚步声、此起彼伏的叫卖声，汇成了一曲鱼市交响乐。

许表民住在江涨桥附近，其住处虽然和鱼蟹码头隔着一两条巷子的距离，却仍然被码头边热闹的交易搅得睡不着觉。吵也没办法，谁让他就住在鱼蟹码头附近呢?

鱼鲜，最重要的当然是那个“鲜”字。为了让从各地运来的水产能保持鲜美，渔民们一忙完当天的捕捞工作，就得将船开到城北的鱼市。每当蟹肥时节，长江、淮河的水面上几乎都是满载鱼蟹的船只，它们一到杭州城北，便纷纷停靠在衙湾巷（今称霞湾巷）的埠头。入夜正好就是鱼市交易的主场，许表民当然会被吵得睡不着。

①高鹏年《湖墅志》：“因蟹设此，有蟹舟名。”

江涨桥

此时的码头边，有渔船不断靠近，有渔民们挑着担子，有买家在一旁招呼着……渔民们从船上一担接着一担地挑鱼下来，他们将不久前从水里打捞起来的鱼挑上岸边，卖给在这里做水产买卖的商家。虽然已经很晚了，但是看见自己的劳动成果即将转换为养家糊口的钱款，他们的脸上都洋溢着笑容，干劲也变得更足了。

这码头边的交易，少说还得持续一个时辰，许表民想：既然睡不着，不如起来练会儿字吧。于是，他起身拿起笔练字，一直练到三更，码头边的交易才总算结束了。往日里，常常等到天蒙蒙亮了，渔民们划船的桨声与鱼行挑夫挑担的声音才慢慢消失。没想到，今日各渔船的卸货速度竟快了不少。

此时，许表民从窗外看去，江涨桥和华光桥呈八字形伫立在河面上，河面上南来北往的渔船循着来路归去。

不知何时，天空飘来一丝细雨，薄雾轻笼水面，点点渔火和天上繁星交相辉映，颇有一番情趣。如此美景不禁令他诗兴大发，故而写下《晚宿江涨桥》[①]这首诗：

鸟径青山外，人家苦竹边。
江城悬夜锁，鱼市散空船。
岸静涵秋月，林昏宿水烟。
又寻僧榻卧，夜冷欲无眠。

在杭州，说起采购商货的集贸市场，除了米市，鱼蟹码头是当之无愧的第一名。鱼蟹码头依仗与京杭大运河相连的城内运河，其周边水路四通八达，可以与盛产淡水鱼的杭嘉湖平原相连。千百年来，鱼蟹码头一直商旅云集，逐渐发展成杭州专业的水产交易码头，是杭州运河边最古老的鱼市之一。

似乎宋朝人尤爱吃鱼，南宋时临安城内光是鱼店就不止两百家。以鱼为原材料的菜品就更是数不胜数，比如鱼兜子、桐皮熟脍面、熟鱼饭、斩鱼圆……

而且宋朝的名家们，更是写下了许多与吃鱼有关的诗歌。范仲淹在《江上渔者》中说“江上往来人，但爱鲈鱼美”；政治家、词人史浩在词作《采莲舞》中写道“知谁伴，醇醪只把鲈鱼换”；杨万里说“霜吹柳叶落都尽，鱼吃雪花方解肥”……

不过也不怪宋朝人爱吃鱼，和牛羊肉相比，鱼肉具有极大的价格优势。一般本地鱼的价格往往很便宜且稳定，几乎不怎么涨价。据史料记载，除了一些珍稀品种外，普通鱼类一直在三十文以下。而且南宋时期，临安地界水网密布，鱼的种类五花八门，可供人们选择食用的品种也多。

①一作李新诗。

一般情况下，当渔船卸完昨日的所有鱼获，鱼行的夜场营业才算是告一段落。不过，紧接着，那些鱼贩与一些卖鱼为生的生意人，他们的身影便开始出现在街头巷尾。那些图个水产新鲜的百姓，也往往会起个早出来购买今日做饭的食材。

有需求便有了市场，而市场又催生需求。正因为宋朝人热衷于吃鱼，所以为鱼蟹码头的兴起增添不少动力。加上运河的便捷交通，让鱼蟹码头的繁荣成为历史发展之必然趋势。

宋五嫂起早，只为新鲜食材

在西湖苏堤下卖鱼羹的宋五嫂如往日一样起了个大早，昨天生意好，买的鱼全部都做成鱼羹卖掉了。今天，她得早早赶去江涨桥旁的鱼蟹码头，买上一批新鲜的鳜鱼和鲈鱼。

宋五嫂这个人，虽是个妇道人家，却对自己的事业十分上心。她制作鱼羹的原材料必须选用最鲜嫩的鱼，这样才能保证成菜色泽悦目、鲜嫩滑润，吃到嘴里能更加香甜。由于她擅长做鱼羹，所需食材主要就是鱼类，于是，江涨桥旁的鱼蟹码头自然而然成了她的购物主战场。

今天，宋五嫂和往常一样来到码头边，放眼望去，只见那运河上船只来来往往，河岸两边数百米则是一字排开的大大小小的码头，码头上停泊着诸多运送鱼虾河鲜的船，码头工人正将鱼蟹运到沿河而建的商铺中。各路鱼贩，各种买家，熙熙攘攘地聚集于此。

市场上，有的鱼贩子用柳条串好鱼，将其放进装满清水的宽浅木桶里，坐等顾客上门；有的直接挑着担子吆喝，似乎声音足够响亮就能吸引来顾客。一大早就来采购的家庭主妇正精神抖擞地和商贩讨价还价，鱼行的伙计们此起彼伏地叫喊着称重的斤两，车水马龙，络绎不绝，好不热闹。

宋五嫂照例去了平日里经常光顾的那家鱼行，店家一看到宋五嫂来了，就堆着笑脸和宋五嫂寒暄："今天的鱼可是凌晨才运来的，绝对新鲜。"宋五嫂一眼看去，鱼行里挨挨挤挤着各色活蹦乱跳的鲜鱼，什么鲤鱼鲫鱼、青鱼草鱼、甲鱼鳝鱼等等，只有你想不到，没有这里找不到的，而且这里的鱼不仅种类繁多，更是十分新鲜。为了保证这些水产的鲜度，渔民们前一天傍晚就从各个地方赶来。

鱼蟹码头的水产大多源于苏州、湖州、常州以及嘉兴一带的江河湖泊，少部分则出自杭州周边的溪流、河湖中。鱼蟹码头的众多鱼行会一次性大批收购苏湖等地运来的鱼以及周边渔民捕捞的鱼，然后再批发给城内的鱼铺鱼贩。

每一个鱼行就是一个水产中介公司，他们低价收购渔民的鱼，再高价卖给城中的鱼贩和商铺，从而赚取中间的差价，这就是他们鱼行的利润。

宋五嫂很快挑好了鱼，吩咐那鱼行老板给她包起来，老板差遣伙计给宋五嫂送到店里。宋五嫂说："先把账记下来吧，明天再一起算。"老板点头应是。

不仅像宋五嫂这样的商铺从鱼行拿货可以赊账，鱼贩在鱼行拿货的时候，也可以不付现金，先把鱼拿走，等到把鱼卖出去了再回来付账。而鱼行的老板向渔民收鱼的时候往往也不会一次性付完所有的钱。不过作为回报，如果渔民遇到了急需用钱的时候，鱼行老板就会贷款给渔民。所有的交易都建立在诚信上，这样的君子协定一旦被破坏，那无论是鱼行老板、鱼贩还是渔民，再也不会有人跟他做生意，饭碗就算是砸了。在这样的一买一卖中，形成了鱼蟹码头上独特的水运文化。

宋五嫂买完鱼后，匆忙赶回店里，要赶快为今日的生意做准备。她做的鱼羹可不一般，曾在机缘巧合下受到宋高宗赵构的称赞。有了皇帝亲自带货，“宋嫂鱼羹”便一举成名天下知。此后，不少好吃之人慕名而来。后来，“宋嫂鱼羹”还成了传统杭州菜的杰出代表。

鱼蟹码头也在继续承担为人们带来新鲜食材的任务。

元明两代前，杭州城北鱼市的范围十分广阔，从江涨桥一直走到黑桥，全是卖鱼的摊贩。元明时期，鱼市逐渐向江涨桥、卖鱼桥一带集中，使鱼蟹码头更加热闹忙碌。

在这里，各鱼行沿着运河而设，各路渔船彻夜往来运河，摇过江涨桥，也摇来了美丽的夜景。明代田汝成在《西湖游览志》里所记载的“湖墅八景”之一，著名的“江桥暮雨”，就是由此而得名。

到了后来，清代文人高鹏年，为了将这繁华景象永远地铭刻在历史之中，他决定要编著一本书——《湖墅小志》。

在《湖墅小志》中留住繁华

鱼蟹码头边的繁华景象，一直延续到清代。那个时

卖鱼桥码头

候，来往鱼蟹码头的渔船仍旧络绎不绝，百姓们日常买水产食材也常常到此处采购，鱼行店家的叫卖声也还是那样响亮。

这日，窗外下着小雨，文人高鹏年正站在屋内，他聆听着雨声，眼睛望向天边。如此出神地看了一会儿雨景之后，他选择在这样宁静的日子里拿起手边的书，此刻，他正在认真地阅读着。

当雨渐停，他便踱步到书桌旁，放下刚刚读的书。接着他拿起墨块，慢悠悠地磨了一会儿墨。之后，便展纸，他拿起笔架上的毛笔，写下：“江涨桥与华光桥，作八字式，河面极为开阔。入夜，蟹火渔灯，如天上繁星，辉映岸上。”不知为何，写完，竟叹了一口气。

他所写的其实就是他自己新拟的“湖墅八景”里面

的“江桥渔火”之景。

也许是一次偶然的散步，也可能是一场“蓄谋已久”的计划，高鹏年来到了江涨桥。在上面，他看见了前人书本里面描写的鱼蟹码头的景象——点点渔火、星光闪闪，他内心感动不已。可是转念间，他又想到了那本《湖墅志略》。该书因意外被火焚烧，自此，世间便少了一本记载“湖墅”的书，他心中情感又转变为遗憾不已。

高鹏年世世代代居住在湖墅，他不想让这些繁华美景消失在后世，他决定，自己也要编著一本书，就叫《湖墅小志》。他要将湖墅周遭的名景名地都记载下来，以供后人了解、窥见湖墅在当时的兴盛状况。因而才出现了那句“江涨桥与华光桥，作八字式，河面极为开阔。入夜，蟹火渔灯，如天上繁星，辉映岸上”。

那时，来往鱼蟹码头的捕鱼人都是以船为家，以捕鱼为生。他们在水上漂泊一生，为的是捕得鱼蟹换取一家人的口粮。为了能够将自己辛苦捕下的鱼卖出去，他们在每日的早上和中午捕鱼，傍晚的时候就往城北的鱼蟹码头驶去。水面上来来往往的全都是捕鱼的船只，类似于我们今天的下班高峰期，船多得都要看不见河面了。

等捕鱼人将鱼带到鱼行，鱼全部被称好后，已经到了深夜，集市已进入尾声，河面上热闹拥挤的渔船逐渐散开。皎洁的月光下，船桨拨动河水的声音时断时续，时不时能听到几声鱼鸥的叫声。岸上的人们早已酣然入睡，渔人却要顺着原路返回，伴着点点渔火，慢慢消失在茫茫夜色中。

清代，鱼蟹码头已经开始由主打卖鱼变为主打卖螃蟹了。每到蟹肥时节，鱼蟹满舱的渔船便自江淮而下，许多都停泊在霞湾巷的埠头，这便造就了杭州运河边又一个重要的螃蟹集散地。

如此看来，高鹏年不仅将自己想要传达的繁荣景象顺利记载了下来，而且这样的繁荣还在延续。那么，他为什么要叹气呢？

原来是他又想起了这几年社会的发展——许多现代轮船开始出现，很多地方也已经开始修建铁路了……虽然现在的鱼蟹码头还是热闹非凡，但是他担心这样的热闹很快就会结束。轮船、火车等其他交通工具的出现，交通的不断发展，必然会代替掉许多传统行业。如此，鱼蟹码头便可能不复从前景象。那如同天上繁星一般的渔火，迟早会消失。

不过，现在看来，高鹏年的担忧是多余的。因为直到民国时期，湖墅地区的大兜路上都还有大小鱼行二十多家呢！并且，在这条路旁延续数百米的河岸的两边，大大小小的码头一字排开，这里的许多商铺和民房都挑出在河面上，房基就扎在河里，几乎每户商家，都有自己的埠头。

虽然，今日，江涨桥边，这个曾经无比繁盛的鱼蟹码头已经湮没在历史的洪流中，仅凭三言两语，你根本无法想象这里曾经有过多少感人的故事和壮丽的图景。但依托大运河所形成的水运文化，却浸润了世世代代生活在这一片热土上的杭城人的心灵。

参考文献

任轩：《湖墅码头遗踪》，《风景名胜》2013年第10期。

宋宪章：《桃花流水鳜鱼肥》，《杭州（周刊）》2019年第9期。

黄亚明：《市井水浒》，河南文艺出版社，2017年。

周密：《武林旧事》，浙江古籍出版社，2011年。

朱桥渡：朱桥背后的风骨

明代有一个叫大善的法师写了一首诗，名叫《朱桥》，此诗十分形象地描述了当年朱桥渡的盛况："江湖不畏海门遥，进浦方生第二桥。乍入松涛旋作雨，忽翻竹浪又为潮。远来货物舟人识，初到商人店主招。夜泊客灯渔火伴，明月沙岸草萧萧。"

大朱桥上，曾走过一位砍柴的少年

上面这首诗中的"第二桥"指的就是大朱桥。

诗中写：来往于这条水路的船只，上面载着操着各种口音的商人和琳琅满目的货物。朱桥渡上，商铺比邻，热闹非凡，店家热情地招待着往来的商人，繁忙且充实。夜晚，在此地过夜或者避风的船只停在朱桥渡上，渔船上的灯火忽明忽暗，从远处看去，一大片的灯火就像夜空中的星星，将夜色点缀得十分迷人。

难怪朱梁夜泊是钱塘人眼中的定山十景之一。元朝诗人钱惟善还曾写下《朱梁夜泊》的诗句："长虹下饮逆流浑，雪色沙寒石斗喧。晚饭钟催邻驿寺，寄渔灯映并山村……"

这大朱桥位于横山溪水口，旧时，它被称为"杭城西南沿江第一桥"。一听这名字，就知道其地理位置有多重要。江南地区的货物，只要是走水路的大多都会在朱桥渡口中转或靠岸售卖。而且，每到秋天，钱塘江潮水就会怒涨，这时往来船只为了暂避潮汐，常常会停泊

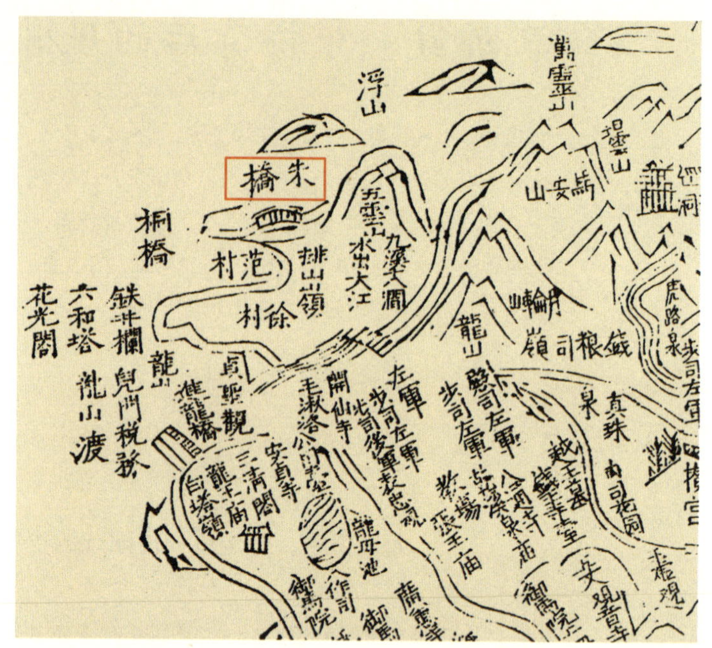

朱桥的地理位置

在大朱桥港湾。慢慢地，大朱桥旁就形成了一方集市，而朱桥渡也随着集市的繁荣而兴盛起来。

如今古老的朱桥渡码头和大朱桥还静静地伫立在宋城旁边，它们向后人诉说着这里曾经发生过的故事，和它们曾经历过的一世繁华。

南宋淳祐年间（1241—1252）的某个清晨，一位身穿粗布衣衫的瘦弱少年肩上挑着一根扁担，腰上别着一把柴刀，不过，和其他樵夫不同的是，他一边走一边嘟囔着。走近一听，才发现他正在背诵诗文，这还是一位有文化的樵夫。

这位有文化的少年樵夫，就是宋元时期的著名隐士朱清。朱清算得上是名门之后，他是宋代名儒朱熹的后裔，奈何家道中落，到了他这一代，已经要靠卖柴换米来度日了。

在经济十分发达的宋朝，城内的人们忙着从事各种各样的商业活动，像进山砍柴这种事情自然没有时间和精力去干，樵夫此时就显得特别重要。有像朱清这种为了贴补家用而卖柴的业余樵夫，也有专门以卖柴为生的专业樵夫。

也许是走得太快了，朱清有些微喘，他倚靠在大朱桥的栏杆上，想暂时歇一歇。大朱桥是他从家里到山中采樵的必经之地，而且还是他卖柴换米的主要地点。今日，大朱桥附近依然热闹非凡，朱桥渡口迎来送往的船只络绎不绝。由于大朱桥这里是远近闻名的集市，所以无论是本地人还是外地人，都喜欢来这里进行交易。

倚着栏杆歇息的朱清，并没有闲着，他拿出了揣在胸前的书看了起来，这一看就有些入迷。桥边的喧哗声似乎已经远去，时间的流逝也不被他注意，不知不觉中，半个时辰过去了。从书中好不容易抽离出来的朱清，突然想到今天的米还没着落，他赶紧把书揣进胸口，也顾不上再背诵诗文了，大踏步向桥边走去。一路前行，身旁还有许多刚刚从朱桥渡口上来的商人、旅客。

朱清挑着柴站到了大朱桥上，身旁的小贩都在不遗余力地吆喝，可他却有些羞于开口。反正只有两捆柴，一看就知道是干啥的，应该也不需要大声喊吧？他这样安慰自己。静默不语的朱清在声嘶力竭招揽顾客的小贩里面显得很特别，不一会儿就有人注意到这个少年。一个管家模样的男子来到朱清面前，询问木柴的价格，朱清报的价在众多卖柴的人里面算是比较低的，所以这名男子一听价格立马就把这两捆柴全部买了下来。

看见柴不费吹灰之力就卖出去了，朱清的脸上难得露出了属于他这个年龄的纯真笑容。他心里想的是，只要能越快卖出干柴，他就能越早回去读书。拿着刚刚获得的银钱，他走到朱桥渡边上的一家米行里，从兜里小心翼翼地掏出了这几天卖柴得来的所有银钱，买了一些米，兴高采烈地回家了。

只留下朱桥渡在他身后继续着它的热闹。

朱清的卖柴日常代表了当时一些在朱桥渡卖柴赚钱的青年的生活，他们为了赚取家用，不辞辛苦地到山上砍柴，再到渡口进行售卖。朱桥渡上的人还在继续来来往往，他们的故事还在继续。

在交通并不发达的古代，渡口可以说是承载社会发展的一个重要组成部分。而朱桥渡的存在，养活了一批靠体力贩卖商品、托运货物的人，也为杭州百姓的生活带来了巨大的便利。

大朱桥上，朱清、叶李话别离

二十几岁的朱清终于不用再卖柴换米度日了，敏而好学的他进入了太学学习，师从太学博士施南学。在此，他遇到了自己一生的挚友——叶李。叶李和他不仅是同学，而且是同住一间寝室的室友，两个人志趣相投，堪比伯牙、子期。

当时的宋朝，有一位臭名昭著的宰相——贾似道。南宋宝祐六年（1258），蒙古入侵南宋，宋理宗赵昀派遣右丞相贾似道领兵出战，驰援鄂州（今湖北鄂州）。但是贾似道这个人胆小如鼠，也不懂什么作战，让他上战场杀敌，那还不如直接让他自杀算了。于是，他趁着蒙古大汗蒙哥在钓鱼城一战中战死、忽必烈急于北归争夺汗位的时候，和忽必烈签订合约，以此来平息战争。贾似道在合约中承诺宋朝向蒙古称臣，并且每年向蒙古供奉二十万两银和二十万匹绢。

和忽必烈谈好后，贾似道觉得自己怎么样也得杀敌立点战功，哪怕是意思意思也好，要不然没办法跟朝廷交代。于是，趁着蒙古军撤退时，他象征性地进攻了一下，袭杀了一百七十多个蒙古士兵。

贾似道赶紧向赵昀表功，绝口不提蒙古军撤退的真正原因，而是说自己领兵以后屡战屡胜，鄂州之围也很快解了，他把自己的战功夸得前所未有。赵昀得知贾似道击退了蒙古军队，欣喜若狂。他大力赞扬贾似道，封贾似道为卫国公、少师。贾似道凭借自己臆想出来的“战功”，在朝中作威作福，滥发纸币，压榨人民，残害忠良，大家是敢怒而不敢言。

不过叶李和朱清他们两个，却是对贾似道当权误国的行为十分不齿，经常讨论着就开始骂起贾似道来了。二十几岁的学生正是初生牛犊不怕虎的年龄，而且叶李心中本就有为国效力的鸿鹄之志，贾似道这种奸臣自然就成了叶李心中的头号敌人。

他们想：既然朝中官员都不发声，那么就让我们来揭发贾似道的恶行。于是，叶李组织了包括朱清、康棣在内的八十三名太学生，共同向皇帝上书弹劾贾似道。他们的上书中写道：“贾似道欺君误国，恃宠而骄，收取贿赂，残害忠良，请求圣上杀贾似道以平民愤。”得知叶李这群太学生对他的弹劾后，贾似道冷冷一笑：“不过是一群乳臭未干的穷书生罢了，也敢弹劾我！看你们能有什么下场！”

没想到，弹劾不成，反而把自己的前途断送了。贾似道指使与他狼狈为奸的临安府尹诬告叶李，栽赃陷害叶李，把叶李贬到了偏远的漳州（今福建漳州）。当时的叶李还没从太学毕业，还没有为国效力便被流放到漳州，心中的苦闷和失落难以言表。

岁寒知松柏，患难见真情。平时一起吃喝赏玩，叶李身边总少不了人，可当遭遇祸事的时候，他只能站在车马冷落的门前苦笑。这时，只有朱清还毅然决然地站在叶李的身旁，给了他一丝安慰。

很快就到了叶李要走的日子，朱清一早便拿着准备好的生活用品来到了朱桥渡口。此时的朱桥渡依然热闹，船来船往，人声鼎沸。今天的天空一碧如洗，如此晴好的天气却没有驱散朱清的离愁别绪。

他走上大朱桥，用手抚摸着这座他自小走过无数次的朱桥，心里有对友人即将离去的不舍，也有对自己前途的迷茫，更有对国家如此境况的担忧。就在他沉思的时候，好友从另一头过来了。

昔日意气风发，朝气蓬勃的叶李已经不见了，此时的他穿着皱巴巴的衣服，眼神中透露着不甘和愤慨，身上若有若无地传来一阵阵酒味，看到叶李这样，朱清的心里太难受了。他迎上去，握着叶李的手，将他拉到了一块僻静处。朱清将准备好的酒食放到地上，拉着叶李席地而坐。

他说："叶李兄，此去漳州，路途遥远，我不能一路随行，你一定要照顾好自己。贾似道只是将你流放漳州，我怕他还会在路上对你不利，一定要万事小心。"

叶李苦涩地一笑："如今我这个样子，跟死有什么区别？一心报国，却没想到还没来得及报，就成了戴罪之身，如此境地，还有什么未来可言？"

但叶李还是感到几丝慰藉，朱清冒着被贾似道报复的危险，来为自己送行。他知道，如果自己还继续颓废下去，对不起朱清的一片真心。于是他强打起精神，说："朱清兄，你放心，无论如何我都会好好活下去，期待跟你重逢的那天。"

说完这番话，叶李便登上了停在朱桥渡口的船。此刻朱桥渡的热闹仿佛和两人无关。叶李一登上船，就吩咐船夫出发，他始终不曾回头，因为害怕眼中的泪让朱清看到。

送走叶李的朱清，站在大朱桥畔，看着渐渐远去的船只，突然做了一个决定：回富阳（今杭州市富阳区）隐居。既然朝廷如此黑暗，朱清也不愿继续蹚这趟浑水，还不如直接归隐田园，以教书为生。

又见朱桥渡，叶李归来

后来，宋德祐元年（1275），丁家洲之战中，作为指挥官的贾似道不战而逃，致使宋军因失去指挥而大败。朝中上下怒火冲天，纷纷要求惩处贾似道。为了平息众怒，一直宠幸贾似道的太皇太后谢道清没有办法，只能将贾似道贬为高州团练副使，安置循州。多行不义必自毙，贾似道行至漳州时被押送官郑虎臣击碎肋骨而死。

贾似道死后，流放漳州的叶李被赦免，三十三岁的叶李终于可以回到临安了。回去的那天，天气同离开的时候一样，万里晴空。平静水面上倒映着大朱桥的影子，朱桥渡口站着前来迎接叶李的朱清。

叶李站在船头，一眼就看见了渡口边的朱清。此时的他们，早已褪去二十几岁的稚嫩，留下的全是历经岁月的沧桑。朱清也看到了叶李，他高兴地挥舞着双手，就怕叶李看不见自己。

叶李从渡口下船，几乎是一路小跑，来到了朱清跟前，两个三十几岁的男人抱头痛哭。既是好友重逢的喜极而泣，又是对贾似道这个大奸臣丧命的高兴，还是对好友这么多年来历经苦楚的心疼。

也许是知道叶李此次归来定是要为官的，朱清在两个人的情绪都平静下来后，对叶李说："叶兄的志向我向来知晓，此次回来，定是要进入官场的，作为你的好友，只希望你以后当官要有节气，千万不能做贾似道之流。"

不出朱清所料，叶李后来当上了大官，还是位高权重的左丞相。可惜，这大官却是元朝的，叶李最终没有听从朱清给他的忠告。以前叶李被贬黜的时候，不理睬他的人，这个时候倒厚着脸皮对他极尽奉承之能事。只有朱清依然隐居在富阳，哪怕叶李多次派遣部下前来迎接，他也不愿意前往。

隐居富阳的朱清，依然还像少时一样，在山里面砍柴，然后挑着柴在大街上卖。只是现在的他，没有以前砍得多了。朱清心里想，我真的是老了。

元至治元年（1321），朱清终老于东山。后入祀乡贤祠，杨维祯为之立传，黄溍撰墓志铭。

朱桥渡在古代一直是钱塘县十分重要的渡口之一，

不管是西溪、龙坞，还是转塘、富阳，这几个地方的山货都要来此中转。宋城就在离朱桥渡不远的牛坊岭下，游览这两个地方只消花一天时间，但得到的体验却是回溯千年。

现存的大诸桥虽然没有以前那座大朱桥历史悠久，但它也在钱塘存在了四百多年。发生在这里的故事，永远留在了朱桥渡的土地上，任凭风吹雨打也无法消散。这些故事背后彰显的风骨，也将和朱桥渡一起永远留存在后人心中。

如今，古老的朱桥渡码头依然和大诸桥一同静静矗立在钱塘泗乡，虽然不像过往那般繁华，却依然是杭州人心中的记忆。

参考文献

龚玉和：《杭州大朱桥的故事》，《杭州日报》2013年12月18日，第B07版。

吴本泰：《西溪梵隐志》，杭州出版社，2006年。

脱脱等：《宋史》，中华书局，1985年。

袁长渭：《牛坊岭下大诸桥》，《杭州日报》2018年5月18日，第A22版。

古严州码头严东关：闽、赣、皖、浙四省水路要津

明代《徐霞客游记·浙游日记》中对过严东关有这样一段记述："（十月）初六日 鸡再鸣，鼓舟，晓出浙江，已桐庐城下矣。令僮子起买米。仍附其舟，十五里至滩上，米舟百艘，皆泊而待剥，余舟遂停。亟索饭，饭毕得一舟，别附而去，时已上午。又二里过清私口，又三里，入七里笼。东北风甚利，偶假寐，已过严矶。四十里，乌石关。又十里，止于（严州府）东关之逆旅。"

严东关码头，严州崛起的曙光

宋淳熙十三年（1186）七月，一个人正站在严州府（今浙江桐庐县、淳安县、建德市三地）城东关口的码头上，欣赏着新安江、兰江、富春江三江汇流的旖旎风光，他就是新任严州知州陆游。

年过花甲的他，已经赋闲在家多年，经宰相王淮的推举，才再次被起用。这次，宋孝宗任命他为严州知州。能够再度出山，而且来的还是自己的先祖陆轸曾经奋斗过的地方，陆游的兴奋之情溢于言表。

严州府倚靠高大巍峨的乌龙山，面临三江口，依山傍水，风景十分秀丽。而陆游现在所处的这个码头，更是水陆客运的大站、货物集散的咽喉。

一条乌龙卧江口，江中碧水映双塔。繁华水运千帆下，四方商贾涌城门。半朵梅花媲皇都，三丈红墙护古城。统辖浙西十三县，名冠华夏千余年。严州正如这首七言律诗描写的那般美丽和繁华。

古严州府治梅城

这诗的作者今虽不可考，但我们却能从这短短几语中窥得古严州的风度。

宋嘉定二年（1209）初秋，因北伐一再失利，心力交瘁的陆游终于不堪忧愤，染疾不起。已经八十多岁的他，身体不再硬朗。入了冬，陆游的病情愈发严重。到嘉定二年年末，他带着满腔遗恨离开了这个世界。

他还不曾等到中原被收复的那天，也不再有机会回到自己心心念念的严州府了。陆游走后，严州府托严东关码头的福，早已不再是当年陆游任知州时的严州府了，严东关码头更是了不得。

此时的严东关码头已是整个浙江甚至是整个南方最为重要的交通枢纽之一，无数的货物从这个码头分散出去，也同样有无数的货物从各地经新安江、兰江、富春江汇集到此，为都城临安的“参差十万人家”和南部的其他诸多地区提供必备的生活物资。

来往行人中不仅有常见的商人游客，更有诸多朝廷官员与士兵。他们日夜往返于严东关码头，为严东关码头带来勃勃生机。码头的灯火彻夜不灭，严州已然成为“隔江三千家，一抹烟霭间”的“江左繁雄郡”。

当初陆游到任严州时，严州虽没有这么繁华，但已经成为重镇。《富春驿记》里面描写严州“千车辚辚，百帆隐隐，日过其前”，每天有成百上千的马车和船只从严州经过，这可累惨了这位严州的新任地方长官。陆游在诗里诉苦称“桐庐朝暮苦匆匆，潇洒宁能与昔同”。他每天早起晚睡地处理公务，完全不能和北宋时担任睦州知州的范仲淹的清闲潇洒相提并论。

陆游之所以日日政务繁忙，很大程度上是源于严州府那时的古码头严东关：一是严州府本地人也需要大量地交换物资，而从严东关码头上岸的行商正是他们的主要交易对象；二是严州是钱塘江上游徽州和下游杭州之间唯一一座州府，两地的商贸往来也往往是通过严东关码头。这样一来，陆游深刻地意识到严东关码头未来发展的重要性。他一方面要治理好严州府境内，另一方面也想依托严东关码头加快发展严州府的经济，不忙才怪呢。

想当初，陆游刚到严州就赶上丙午荒年。一心造福一方的他不忍看着百姓遭罪，主动制定和实施了不少廉政举措：重用贤能之士，节制宴会游乐，同时恳请朝廷免除严州灾民的徭役赋税，还发放州县义仓的粮食救济灾民……

然而这些措施总归是治标不治本，让百姓在农业上实现自给自足并不能帮他们过上幸福的生活，还得有其他收入来源。灾年带来的不良影响除了食不果腹，还使严州城里市场上的商品更加短缺。当年腊月，临近年关，陆游的餐桌上也几无荤腥，他作了首《岁晚盘尊索然戏书》调侃自己：

经年薄宦客桐庐，市邑萧然一物无。
名酒不来惟饮湿，长鱼难觅且焚枯。
支离鹤骨寒添瘦，宛转龟肠夜自呼。
更与儿曹同一笑，灯前短褐拆天吴。

作为严州的新任地方长官，陆游的生活尚且如此，百姓就更不用提了。他开始意识到除了农业，商业也是严州必须重视的产业之一。严州物产丰富，又有严东关这个八方通达的繁荣码头，走农商并重的道路才是上上之选。

当时处于下游的临安已经有数十万人家，这些人日常生活用品的使用量之大，有成为严州府经济支柱的趋势，比如柴火、木炭、茶叶、竹木、石材、生漆等，都是产自上游，然后从严东关码头运往临安的。此外，严州还盛产漆和茶，这两样东西从前都是朝廷的贡品，将这些漆和茶通过严东关码头运往南方其他地方，不但加强了严州和其他地区的贸易往来，而且增加了严州人民的收入。

后来，来往严州的商船愈渐增多，南宋朝廷就增加了地方税收。商业发展越高速，严州的税收也就越多。南宋末年，严州已然成为出名的富庶之地。

可惜，两年后，陆游严州知州的任期满了，他只来得及看见严州强劲的发展势头，却没能亲眼见证严州在自己的手中变得更加美丽富饶。

严东关码头，徽商梦开始的地方

明清时期，在南宋就已经闻名天下的严州迎来了第二次光辉岁月。

这辉煌的成因还得从钱塘江上游的徽州（今安徽黄山市、绩溪县与江西婺源县三地）说起。徽州此地多山地，虽然它中部有盆地可供当地人耕种，但中国历史上的三次移民大潮，彻底将徽州原本的生态局面打破。

地少人多，势必就有许多人耕不了地，吃不上饭。聪明的徽州人开始动脑筋，总要想办法养活自己呀。既然在徽州无法生存，那就要勇敢地走出去。出去干嘛呢？文不足以做官，武不足以当将，经商倒是一个性价比较高的选择。

当时的徽州虽然耕地较少，但处于丘陵地区，有丰富的土特产。这些土特产成为徽商打开商界大门的钥匙，而严州就是他们梦开始的地方。一个徽州人来严州，成百上千的徽州人就追寻着前人的脚步来到严州。

严州的严东关码头是福建、江西、安徽、浙江四省水路要津，而严州本就拥有丰富的木材、生漆、茶叶等资源。严州这片土地就像是一块跳板，徽商正是从这块跳板走向浙江，走向全国。他们沿新安江东下，先到严州汇聚，再出发前往东南广大地区甚至海外。

当时严州的杉木产量极高，而当地的山民却没办法自己将杉木运出去，只能将这些杉木卖给徽商。徽商就将这些杉木加工成各种各样的木制品再运往外地贩卖，从外地回来的时候，他们又带上严州人民需要的日用品，两头赚钱，收获颇丰。

不仅如此，因为严州和徽州相邻，好多徽商都直接在严州城定居。首选地段正是严东关码头附近，这里有很多徽商开设的商铺，这也进一步造就严东关往后的繁华。直到今天，严州还保留诸多别具一格的徽派建筑。

但徽商与严州互相成就的事可不止这些。

严东关出了名，来来往往的船只越来越多。不管商船官船，到了严州，都会在此过夜。船上一年四季辛苦劳作的水手们下了船，必到严东关的街头巷尾寻得正宗的五加皮酒喝一喝。这五加皮酒起初只在严东关一带有名，后来经徽商之手才传出名气，走向全国。凡是长期在船上与水打交道的百姓，都知道严州严东关码头的五加皮酒是祛风湿的好物，就连过年过节都以此作为礼品互相赠送。

五加皮酒的出现还得从严州的渔民讲起。元末明初时，在严东关一带有钱、林、李、袁、孙等九姓渔民，他们世世代代在水上劳作，长期和风雨为伴，基本都患有风湿骨病，十分影响正常生活。但因为家中实在贫困，不能去医馆看病，他们就决心自己探索前人留下的古方——饮用药酒治疗风湿。九个家族的人们尝试利用各种草药泡酒，再亲身饮用以验证药效。

经过无数次实验，他们终于发现一种叫作五加皮的草药。将它泡在酒里面，饮用后可以祛除风湿，减缓病痛。于是，五加皮就成为这个酒的名字，而五加皮酒就成了渔民们祛除风湿的良药。但是，因为渔民一辈子勤勤恳

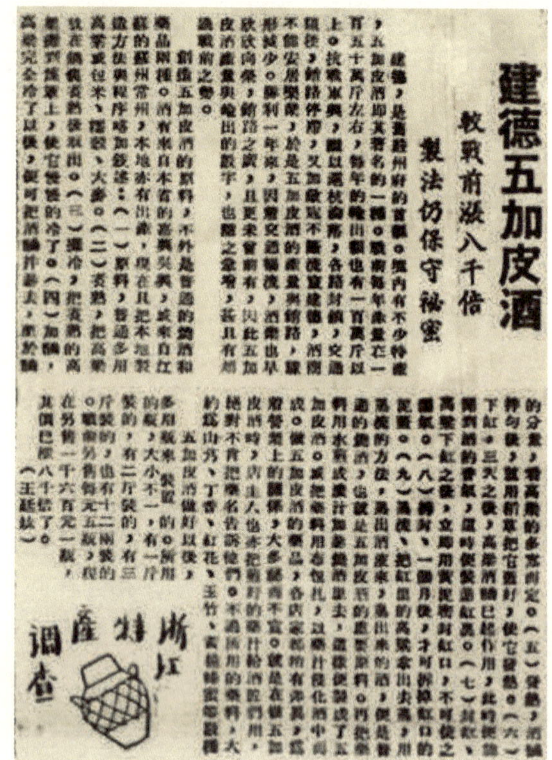

建德五加皮酒

較戰前漲八千倍

製法仍係守祕密

浙江特產調查

民国的报纸上关于严东关五加皮酒的记载

恳打鱼，不大有生意头脑，所以这个酒当时只在严东关一带流行，没有在全国范围内推广开来。

直到清同治二年（1863），徽州药商朱仰懋如同往年一样来到严州府查看货物，可这一回他却有别于往常的匆匆而过。他在严东关发现一个巨大的商机——当地人十分推崇的五加皮酒。

朱仰懋只是无意中看到了五加皮酒，一下子就被吸引住了。他尝了一口，又经过一番谨慎的调查研究，他发现这五加皮酒的药效不俗，若是推广开去，既可以稳赚一笔，又不失为一个善举。

这时，城内已有三家售卖五加皮酒的店铺，并且占据了城内最好的位置。眼光独到的朱仰懋选择了严东关，他想凭借三江口码头的优势将五加皮酒的品牌彻底打出去。最后，他用《中庸》里的“致中和”三个字为五加皮酒换了个名字，而这药酒的产地就定为“严东关”。朱仰懋在严州办起了一座酒坊。

朱仰懋酒坊生产的五加皮酒，呈榴红还略泛金黄的天然色泽，未倒入杯中就能闻到这酒水中散发的浓浓药香，入口之后异常醇厚，回味无穷。致中和五加皮酒的瓶身贴有特制的红泥金纸，瓶口则用松香火漆封口，十分具有标志性。哪怕不认识字，看到这个包装也知道是严东关致中和五加皮酒。

此后，严东关致中和五加皮酒正式上市，并很快打响名气。看见致中和五加皮酒越来越有名气，许多商家都跑到严东关生产五加皮酒，他们大多采用前店后坊的模式，生产售卖方便快捷。

不久，出现了专门生产五加皮酒的厂家，最多的时候生产厂家甚至达到八九家。从此以后，严东关生产的五加皮酒不仅成为国内的名酒，还依托严东关码头的有利条件远销东南亚各国，在国际上也颇具盛名。

严州天然便利的交通吸引来了徽商，徽商又助力了严州的经济发展，很难说两者到底谁受益更多。严州与徽商大抵从来都是互相成就的关系。严州经济蒸蒸日上，老百姓的物质生活丰富了，才有条件发展文化。严州成为古典文学作品中的常客，《三国演义》《水浒传》《金瓶梅》和《官场现形记》都曾提到过严州，而孟浩然、范仲淹、陆游、李渔等历代文人骚客也都曾留下赞美严州的诗篇。

总而言之，严州哺育了严东关码头，而严东关码头也回报了严州。如今，严东关虽然已经丧失了码头的职能，但它依然坐拥三江汇流、两岸相交的旖旎风光，毗邻“七里扬帆”“九姓渔村”等景区，是实打实的梅城美丽样板。除了秀美山水的自然优势，严东关深厚的历史文化底蕴也是它取之不尽用之不竭的宝藏。现在的年轻人或许只知严东关，不知严东关码头，但你若去问问当地那些上了年纪的老人，恐怕没有哪一个不知道严东关码头当年的辉煌！

参考文献

政协建德市委员会：《逸闻趣事》，天津古籍出版社，2011 年。

政协建德市《严州古城——梅城》编纂委员会：《严州古城——梅城》，中华书局，2004 年。

陈公亮：《严州图经》，商务印书馆，1936 年。

小河码头：康桥晓市莫过于此

清人成周助《北关八咏·康桥晓市》：“市与关相接，康桥向晓时。江澄日渐赤，人集货鲜奇。司钥鸡鸣启，携筐鹤舞随。往来舟缆解，安用午为期。”

“罪臣”王阳明，北新关外遇好友

南宋淳祐七年（1247），杭州大旱，西湖也因此快要干涸，城外运河的水正在慢慢枯竭，有的河段水位已经低到极点，从而导致断流。运河水的断流，致使过往船只无法航行，所以为杭州城内米行运送米粮的商船只能弃水路而改陆路，运输成本增高，米价也节节攀升。这对于遭受旱灾的杭城百姓来说，无疑是雪上加霜。城中百姓叫苦不迭，城外往来的商旅也一筹莫展。

时任吏部尚书兼临安知府的赵德渊急人民之所急，果断将此事上奏朝廷，要求实施“引溪济河”工程，将东苕溪的水引入城外的运河。朝廷准奏后，赵德渊立刻组织民夫，疏浚北新关到奉口的河道，沿着运河修筑塘路。经过几个月的不间断施工，这条从江南运河进入杭州的新通道建成通航，它就是现在的“小河”——西塘河。

原本有着高大上姓名的“西塘河”，后来因为流到大关至勾庄这一段的时候，河道开始变得十分窄小，所以大家都形象地将它称作“小河”。

小河往北可以通往苏州、常州、镇江、湖州等地，在康家桥处，小河、余杭塘河和运河三水交汇，水面宽阔。南来北往的船只，从老余杭、闲林、三墩、勾庄、良渚等地进入运河，必须先过小河。如此优越的地理位置，理所当然催生了码头，小河码头成了南宋重要的货物水陆转运地。

明正德二年（1507）的春天，杭州处处弥漫着勃勃生机——杨柳新绿，早莺争暖，新燕啄泥。

不过此时一个在小河的舟船上站着的中年男子，似乎和这春日的美好格格不入。他身穿一袭皱皱巴巴的藏青色长衫，脚蹬一双不知穿了多久的官靴，不修边幅，神情失落。这个人就是不久前因奸宦所害而被贬贵州的王阳明。

雪后的小河直街

去年冬，戴铣、薄彦徽等人因得罪刘瑾被打入死牢，王阳明不畏强权，毅然站出来给他们辩护。刘瑾看见王阳明如此不买自己的账，一怒之下责令杖打王阳明四十大板，并将他贬往贵州做驿丞。

从北京一路南下，王阳明的内心充满了对刘瑾的憎恨和对皇帝不作为的失望。这期间，他茶饭不思，水米不进，一个翩翩佳公子愣是被折磨成一副“见人矮三分”的罪人形象。

要去贵州，就要路过北新关。明宣德四年（1429），朝廷在小河河畔设立了名为“北新关”的钞关（明代征收内地关税的税关之一），它专门向南来北往的商船征税，是大运河上七大钞关之一。自设立开始，北新关征收的关税就成了国家最为重要的税收来源之一。

小河河宽只有十米，河道本就很拥挤，再加上税关在这里一挡，更是通行艰难。王阳明的船越往前行驶越感觉到拥挤，不时还有船只剐蹭的声音传来，紧接着就是船家们各种方言交织的叫骂声。如此鲜活的场景，让满腔愁思的王阳明觉得有趣极了，他饶有兴趣地看着这久违的平民生活场景。

这时王阳明突然听到有人叫他的名字，他转过身去，发现叫他的正是自己多年未见的几个兄弟，他们在离他不远的一条船上。此时已近北新关口，渔船、商船将江面覆盖得严严实实。王阳明看到自己的兄弟后，也不管危险不危险，就从自己的船跳到另外一条船上，然后再跃到兄弟们的船上。久别重逢，大家都分外高兴。尤其是王阳明，刚刚遭逢大难，如今见到他们，更是忍不住热泪盈眶。

王阳明正准备一诉内心苦闷，却听到了北新关的守卫让船家缴纳船料税的声音。此时的朝廷可能还没意识到商税是一笔多么大的财富，在北新关这种繁忙的关口，也只是征收一些基本的船料税。

从北新关过去后，王阳明一行从小河码头登陆，找了一个酒馆喝酒去了。酒酣耳热之际，王阳明诗兴大发，写下了一首《赴谪次北新关喜见诸弟》："扁舟风雨泊江关，兄弟相看梦寐间。已分天涯成死别，宁知意外得生还。投荒自识君恩远，多病心便吏事闲。携汝耕樵应有日，好移茅屋傍云山。"

虽然诗里面写道他再也不用过问朝堂的事情，可以享享清福，他要带着这群兄弟在山上建几间茅屋，隐居山间，种地砍柴，与清风白云相伴。但是，酒醒之后的王阳明还是去了贵州赴任，并且在四年后重新回到京城任职。

在王阳明回到京城的第二年，曾经和他在北新关相逢的一位弟弟来京城探望他。和他说了一路上的见闻，他才知道，现在的北新关已经不是以前的样子了。

北新关从明正德六年（1511）起便开始收取关税，比之前的船料税多了不少。为了不让船家绕道避税，北新关还专门设有"六关七务八口址十城门"，外加五个可随时按需设卡稽查的口子。为了减轻守关人员的负担，北新关规定一日两次收税放关，分别是巳时（上午九点到十一点）和未时（下午一点到三点），比现在的朝九晚五可要轻松。

来往小河码头的商船要填写报关单——姓名、籍贯、货物名称、行程等都要填写清楚。如果只是普通船只经过，只需要写清楚船主和客人的姓名、船的种类和大小、货物的名称和数量即可。纳税完毕，关署还会发给相应的放行凭证。

为了提高关署的办事效率，北新关的工作人员用尽了心思。他们设计了一种叫作“小额报关票”的东西，只要是带货不超过二钱税银的船家不需要办理复杂的手续，到达北新关时可直接上报，报完就给小票凭证，不用长时间地等待。

这样一来，北新关外的船流会大大地分散，工作人员的办事效率也会大大提高，并且商人偷税漏税、工作人员胡乱征税的事情也很难发生。如此看来，古人的智慧和今人相比也不相上下。

北新关税收事业的发展，带动了小河码头的兴盛，同时，小河码头的存在，又对北新关的发展做出了贡献。

北新关外，舒位舌战贪腐关吏

清嘉庆四年（1799），刚从西南从征归来的舒位坐在晃晃悠悠的船上，悠闲地看着小河两岸秀丽的景色。不一会儿，船就泊在了北新关外，舒位还没有完全从景色中抽离出来，就被北新关的关吏吓了一大跳：这位官爷不等船停稳便一跃而上，也不怕掉到河里。一上船，招呼都没打一个，就开始翻箱倒柜地去搜船上的行李。

舒位可不是个任人欺凌的软弱文人，看见关吏这样无礼，没好气地说：“官爷，想要什么明说便是，何必这样翻箱倒柜折腾我的行李呢？”关吏看舒位一副书生模样，心里便轻看了他几分，趾高气扬地说：“要什么你还不清楚吗？想过关，就赶紧拿些银两或铜钱出来交关税啊，要不然，小河这里的青山绿水都不答应。”舒位早就听闻杭州北新关的关吏对过往船只无所不取，没想到百闻不如一见，说是强盗也不为过！

原本想息事宁人的舒位，暴脾气一下上来了，冷哼一声道：“我一件货物也没有，只有才高八斗，忧愁万千，想卖也找不到买主。剩下的都是我的衣服和日用品，好像没有一个在关税之列。身上倒是有一串铜钱，要不然你就拿去买酒喝吧！”

关吏一看舒位这么不配合，怒道：“你小子打发叫花子呢，一串铜钱就想过关。我告诉你，你今天要是不拿出点诚意来，休想从这里过去。”说完，便一把抢过舒位的铜钱，并且向关内招手。不一会，一个身材壮硕的青年男子来到船上。都不用关吏交待，他欺身上前，抓住舒位的领口，恶狠狠地说：“小子，你最好乖乖配合，把身上值钱的东西都拿出来，否则我可不敢保证你在我的拳头下还能活命。”

舒位面对如此恶徒，并没有害怕。他一把拍开那人揪着他衣领的手，神情冷静，语气平静：“勿恼勿怒，且冷静听我说。我既不是唐朝宰相元载，家财万贯，胡椒八百石；不是商人弦高，能拿出十二头牛犒赏秦军；也不是《琵琶行》中浮梁买茶的商人；更不是西域胡商，奇珍异宝车载车量。全身上下，值钱的无非就是一支笛子、一把剑、十三行字帖、万首诗。这些在我看来值万金的东西，给你们，你们也不会要。”

“我之前听说过酒税，但是没听说过连随身携带的诗囊都搜。听说过船料税，可没听说过有关吏会翻箱倒柜地去找银钱。你们既然那么想翻我的行李箱，那请把定远侯班超投笔从戎的笔拿来，我马上把行李箱里面的财物给你一一列出来。我破点财倒无所谓，这点钱对于我来说也不过是九牛一毛。不过我看你这飞扬跋扈的样子，你的主子应该官不小啊。既然是个大官，难道还不懂国法，就任由你们这样强行搜刮我的财物吗？况且当今圣上早就颁布了免除巨额税收的法令，你们青天白日就在这里大肆敛财，难道就不怕监察御史那张严嘴吗？”

舒位引经据典、言辞犀利的一番话语，将这两个肚子里没有多少墨水的“官爷”一下子震住了。他们两个面面相觑，也摸不准舒位到底什么来历，只能作罢，扬长而去。等到他们走远了，舒位还能听到一人的嘟囔声，无非就是暗骂自己倒霉，遇见个刺儿头。

像舒位这样的人毕竟是少数，在当时的环境下，大部分过往的平民百姓都要遭受这种盘剥。北新关作为国家重要的税关，虽然刚开始是向着良好的方向发展，但是哪里有银钱，哪里就有贪腐，北新关同样也不缺贪官污吏。特别是乾隆中期以后，北新关守关人员的残酷剥削更是“登峰造极”。

到了太平天国时期，随着杭州被占领，运河不通，北新关逐渐失去了其财政作用。清同治三年（1864），太平军被镇压以后，北新关又开始恢复收税功能，但就在同年，左宗棠上奏要求暂缓北新关的开设。后来随着清王朝的灭亡与漕运业的衰退，北新关失去了它的辉煌，渐渐被人遗忘。

小河码头的发展随着北新关税收事业的兴衰经历了起起落落。

“康桥晓市”，幸福感十足的市井生活

一声公鸡的嘶鸣，打破了黎明的静谧。当清晨的第一缕曙光照在城门上的时候，打着哈欠的士兵就将笨重的城门缓缓开启了。朱红色的大门吱呀作响，惊醒了树梢上小鸟的清梦，唤醒了整个杭州城。

城门一打开，从城里陆陆续续走出一些挑着筐的小贩，他们挑着几十斤的重物，却依然脚下生风，健步如飞，轻盈的脚步彰显了他们愉悦的心情。

这些小贩都要去城外的康家桥卖自己的货物，康家桥是附近有名的早市，其位于小河附近，小河码头就在旁边，所以一些邻近地区的商贩来此做生意。此时城内的小贩正风风火火地往康家桥赶，而城外的一些商人早就把货船停在小河码头了。商贩们将货物沿着河两岸一字摆开，有的甚至直接就在船上进行交易。

王炯和友人昨天晚上泡在康家桥旁的酒馆里，喝了一晚上的酒。清晨从酒馆出来，王炯带着醉意朦胧的朋友，往小河码头走去。谁知道，码头没找到，却误入“康桥晓市”。王炯看到了康家桥早市上琳琅满目的商品——来自四面八方的粮食、海鲜、瓜果蔬菜、油盐酱醋、丝绸布料、生活日用品，还有各种各样的酒水饮品、稀奇杂货。

喜欢热闹的王炯顿时就精神了，连友人都顾不上了，直接加入“买买买”大军。早起的商贩精神抖擞地夸耀着自家商品，偶尔还要和杀价太凶的顾客磨一磨嘴皮。

早市还没逛完一半，王炯浑身上下就挂满了买回的东西。有鲜甜可口的瓜果，鲜艳亮丽的丝绸，还有好几

瓶王炯没有见过的酒。一晚上没回家，买点瓜果和丝绸堵住妻子唠叨的嘴，这几瓶酒就要偷偷藏着自己慢慢喝了。

康桥晓市在明代中期已经成为附近城镇中首屈一指的早市了，还被认为是《北关八咏》中一道亮丽而独特的风景线。虽然康桥晓市正史记载不多，但从文人的诗中，我们也能窥见一二。

清人成周助在《北关八咏·康桥晓市》中云："市与关相接，康桥向晓时。江澄日渐赤，人集货鲜奇。司钥鸡鸣启，携筐鹤舞随。往来舟缆解，安用午为期。"这首诗就十分形象地描写了康桥晓市商贾云集、交易兴旺、商品鲜奇、热闹非凡的场面。

清人孟凤苞有《康桥晓市》："两岸人家依北桥，凭谁指点话南朝。词传伯可工歌咏，荐自申公当武韶。三市蚕丝方富足，五湖虾菜更丰饶。喧声杂沓当清晓，荡漾波光映碧廖。"

这首诗是写康家桥两岸的居民沿河而居，生活十分的幸福安逸，他们不问世事，就像生活在桃花源中一样。"三市蚕丝""五湖虾菜"等各种各样的商品都被集中在这里，他们可以获得极大的物质享受。这样有声有色的市井生活，怎能不让人流连忘返。

康桥晓市的繁荣和小河码头的存在也是分不开的。

小河直街上，来了一个叫"汽车"的小怪物

1916 年夏日的一天，小河直街的西面，围着一大群小河人。他们手里拿着蒲扇，不断扇向汗如雨下的脸。

小河直街

可他们的眼睛却齐齐望着前方，看着一个叫作“汽车”的“怪物”。

这个“怪物”的外壳是厚厚的铁皮，前面还有个像轮子一样的东西正握在司机的手里。司机的脚使劲往前一踩，它的屁股就会不断冒烟，并发出“呜呜呜”的声音。随着声音的发出，它就像离弦的箭一样，一下子窜出去了，卷起了厚厚的一层土。车厢里面的人就静静地坐着，也没见司机有什么太大的动作，这个“怪物”怎么就走了呢，而且还走得那么快？

围观的小河人似乎被这个“怪物”吓住了，半天没有反应过来，等反应过来，又陷入了对生活深深的担忧当中。尤其是船工，心里想：“这吓人的东西到底是啥来路，咋跑得这么快，以后谁还来坐船啊？”

这是杭州有史以来通往瓶窑的第一班长途客车，以小河直街为起点，站台就在如今的长征桥西口。

小河开浚于南宋时期，元末大运河主航道改道到这里，加上明清时期北新关的设立，小河一度成为水路交通要津。由于地理位置优越，航运发达，小河码头逐渐成为历史上重要的货运码头，而沿小河分布的小河直街也成了运河旁最热闹的街市。

那个时候，小河狭窄的水道里挤满了来自四面八方的货船，水道两岸满是鳞次栉比的店铺，木行、米行、油行、面坊、茶楼、布庄、茧行、酒肆等等。各种商品琳琅满目，人们需要的东西，这里应有尽有。热闹喧哗的卸货声、买卖声此起彼伏，即便是到了夜晚，这里也不曾冷清半分。

除了开店的，还有许多来自外乡的小商贩，他们挑着货担走街串巷地卖着各种吃食，引得孩子们一路跟随，孩子们叽叽喳喳的声音伴随着挑货郎的叫卖声传遍大街小巷。逛完集市的小河人，并不着急回家，随便走进一个茶馆，听听最近说书的又有什么新段子，看看某个曲艺人唱功是不是又精进了不少。恰逢戏班子经过，还要去看看杂耍和戏剧。

到了清朝末年，这里还来了不少外国人。租界里的日本人、海关里的英国人和小河人一起混居在这里，极其热闹。清末民初，小河直街又出现很多新的行当，比如专门孵小鸡、小鸭的四大孵坊、打铁店、酱园、蜡烛店、炮仗店、碾米店等。这时候的小河直街发展到了鼎盛时期，已经具备商业城镇的规模。值得一提的是，由于四大孵坊的存在，每年都会有成千上万只小鸡和小鸭从小河直街出发，前往各个地区。小河直街，是杭州当时的幼禽集散地。

而小河直街这么繁荣与当时小河码头的水运联系紧密。

1914 年至 1936 年间，停靠在小河码头的船只，除了轮船和货船，还有不少民船与带有营业性质的客船。如果有人要前往苏、湖、沪、嘉等地，要选择对应航线的客船。从万安桥、菜市桥出发的客船，主要经临平、长安、许村等地；从大关出发的，则会到达湖州、菱湖等地，也会在塘栖停靠。

小河码头当时是个旅客和货物集散地，每天少说也要接待上千旅客，货物更是以千担计算。那些载人的客船服务周到、环境整洁，不仅可以坐卧，遇上长途还会包饭菜。每当杭州的香市和庙会开场，不少外地乘船沿运河来的香客，会在湖墅卖鱼桥一带上岸，到香积寺上香，然后再往西湖诸寺。因而，香积寺也就有了“运河第一香”之说。

小河码头的航运收益一直不错，一直到 1980 年左右还有去苏州的夜航船。但随着更便捷的铁路与公路运输的出现，慢悠悠的水运逐渐被人们放弃。随着水运的没落，小河码头也逐渐冷清下来。

如今隐匿在杭州闹市中的小河直街，虽颇有些“藏在深闺无人识”的意味，但只要你走进它，就会看见白墙黑瓦、木门木窗，静谧清幽，颇有些穿越的感觉，仿佛当年那些热闹的日子又在眼前浮现。只是如今的小河直街，已经成为杭州历史街区，或许这就是它被称为“杭州最后的运河人家”的原因。辉煌的日子已经远去，但小河直街所蕴含的运河商埠文化还将世代传承。

参考文献

许梦闳：《北新关志》，载《杭州运河文献集成》，杭州出版社，2009 年。

中国社会科学院近代史研究所政治史研究室、湘潭大学曾国藩研究中心：《湘淮人物与晚清社会》，社会科学文献出版社，2011 年。

任智勇：《同治初年的关厘之争——以江南四榷关为例》，《中国社会经济史研究》2010 年第 3 期。

周淙、施谔：《南宋临安两志》，浙江人民出版社，1983 年。

西兴过塘行码头：万商云集南来北往的中转码头

明万历萧山县令王世显在《令王世显碑记》中曾这样评价过西兴："西兴，浙东首地，宁绍台之襟喉，东南一都会也。士民络绎、舟车辐辏无虚日。"《萧山县志》又载："在明万历间即有过塘行。"

胡雪岩支招，"俞天德过塘行"应运而生

如果说南方人向往北方人的是"集中供暖"，那么北方人羡慕南方人的就是"江浙沪包邮"。作为非包邮地区的资深网购达人，当你看中某件心仪商品准备迅速拿下，结果看到页面上"江浙沪包邮"五个大字，你的热情就会被瞬间浇灭，哪怕邮费只需要十块钱。

我们只知道"江浙沪包邮"是江浙一带高度发达的物流业所带来的福利，却不知道早在四百多年前，"物流中心"就已经诞生在杭州的西兴了。

清同治二年（1863），太平军退去的这一年，有个叫俞谓东的西兴人，创办了第一家过塘行。

在创办过塘行之前，俞谓东在杭州的一家钱庄打工，辛苦不说，还挣不了多少钱。就在他日复一日过着平淡日子的时候，他生命中的贵人出现了，这个贵人就是红顶商人胡雪岩。要不说人际关系很重要，俞谓东这个平凡的打工仔曾经和胡雪岩一起在杭州城的"信和"钱庄当学徒。在当学徒的时候，两人同吃同住，情同手足。

西兴过塘行建筑群

清同治二年（1863），胡雪岩已经是闽浙总督左宗棠面前的红人，他被左宗棠委任为总管，主持杭州城解围后的善后事宜并掌管浙江全省的钱粮、军饷。拥有显赫地位的他并没有忘记这个昔日“同窗”，看到一把年纪的俞谓东还在为别人打工，心有不忍，所以给俞谓东出谋划策，寻找挣钱良机。

胡雪岩因为公务需要时常经过西兴，在西兴的码头他看到了商机。浙东运河的水位较低，钱塘江水位则较高。所以二者之间，无法直接通航。如此一来，西兴就成了连接钱塘江与浙东运河的重要枢纽，无论从钱塘江进入浙东运河，或从浙东运河进入钱塘江，南来北往的客商和货物都要在西兴中转。过塘以后，再另外装运。

哪里有需求，哪里就有商机。西兴中转站需要一个专门承接过塘业务的机构。虽然当时西兴的居民大部分以挑夫、船夫和纤夫等职业为主，但毕竟没有成体系。

所以，胡雪岩认为在此地开办一间过塘行正合适，因为过塘行在承办货物过塘业务之余，还可以专门用来接待过往官吏和客商。过塘行一旦开起来，肯定生意兴隆、盆满钵盈。

“活财神”胡雪岩一发话，俞谓东立马回西兴创办了“俞天德过塘行”。“天德”取自俞父家训“上天有好生之德”，这体现出他诚信创业、乐善好施的经商理念。

俞天德的过塘行开张后，果然如胡雪岩预估的那样，大量的官银、丝绸、珠宝等在此行中转。由于过塘行不是商铺，所以不需要巨额资金和气派门面，也不需要大量职工，甚至不需要投资建造大型仓库。本小利丰，本地人纷纷开始效仿。

就这样，在浙东运河的两岸，过塘行如雨后春笋般冒了出来。

据《西兴镇志》记载，最为兴盛的时期，西兴老街上过塘行的数量能有七十二爿半（又作“七十二小块”，古代江湖的行话），从业人员（挑夫、船夫、轿夫、牛车夫、脚担、脚班）达上千人，西兴也因此成为名震江南的货物集散中心。

为什么叫七十二爿半呢？因为过塘行中有七十二家一年四季都营业，只有孙家汇黄鳝行，因黄鳝的供应具有季节性，只能经营半年，所以被称为半家“过塘行”。

《七十二爿过塘行》一文有介绍：过塘行转运而来的客人、百货，一部分来自内河，要通过西兴转运到中原一带，这样的货物有茶叶、黄酒、锡箔、棉花、土布、水果、木柴、竹制品、萝卜干、霉干菜等；还有一部分货物是由钱塘江运入，比如锡锭、香烟、火柴、洋布、颜料、肥皂、淮猪、湖羊等，这些东西从西兴中转后要运送到宁绍地区。

过塘行码头的繁荣催生了过塘行，而过塘行的兴盛也促进了码头经济的增长。

一声“靠岸去”，满载船夫对未来的憧憬

月色皎洁，笼罩着柔美的运河，波光粼粼的水面上驶来一艘乌篷船。船艄上站着一位身穿青衫的男子，他举目望向泛着月光的河面，不禁吟起“滟滟随波千万里，何处春江无月明”的诗句来。这人是晚清长河会宗堂的诗人来又山，因要去往京城，便搭载这艘运货的船只一同北上。

这艘船从宁波出发，一路穿过余姚、上虞、绍兴，沿着浙东运河驶入这个叫作“西兴”的小镇。船上满载着来自宁绍平原的稻米和食盐，这些货物要在西兴中转，经钱塘江到运河，然后到北京城。

远处传来钟声，这意味着西兴码头就要到了。货物量大，船家通常都日夜工作。为了保障过往船只的安全，西兴码头就建有一个钟楼，它和江对岸的鼓楼相对应。如果船家听到了钟声，就知道江南岸的西兴码头到了；要是听到了鼓声，就知道是离钱塘江北不远了。

船只驶近岸边，这时，想到马上能够休息片刻的船夫将手里的橹摇动得更加有力，那股劲儿似乎恨不得给小小的乌篷船插上翅膀。一路划船实在太辛苦，好不容易来到这个中转站能歇口气。想到可以喝口小酒，吃点

小菜，睡个好觉，那一声“靠岸去”喊得实在是气势如虹。随着这一声声“靠岸去”的吆喝，整个岸边的静谧一下子就被打破了。

虽然已接近子时（指二十三时至一时），但是过塘行码头的各路船只还是首尾相接排着长龙，上客的、卸货的、出发的、靠岸的……一派繁忙景象。

船刚一靠岸，早已等候在岸边的挑夫、轿夫在保头（担保人）的带领下按码头、货物种类、上岸下水等繁复规则进行详细分工，以保证他们能够有秩序地为过往船只提供服务。

来又山等船彻底停妥当后，才出了船舱。一段长长的跳板将河岸与船舱连接起来，跳板晃晃悠悠，下面又是黑漆漆的江水，看起来很是吓人。

来又山下船后，并没有急着走，而是兴致勃勃地站在岸上观看挑夫卸货。和自己一同北上的客商，已经等来了早已找好的过塘行代理。过塘行的老板带着一批信得过的挑夫，正小心翼翼地把这些稻米、食盐等货物搬下船。搬下船的货物要暂时放进过塘行，等老板联系好船只，才能装船渡过钱塘江，前往不同的目的地。如果中间货物有损失，过塘行老板需要负全责，全额赔偿。

过塘行是怎么挣钱的呢？一般是运费加上服务费，服务费占运费的百分之十到百分之二十。刨去付给挑夫的辛苦钱，剩下的就是过塘行的收入了。有的过塘行不会立即收取客商的运费与服务费，但是有一定的利息需要客商日后一并偿还。资本较大的过塘行就更厉害了，可以帮着客商采办货物，从而收取更高的酬金。

那运费要怎么算呢？跟现在的快递费有点像，按货物的重量计算。称重的时候用两个很大的石墩做基础，竖两根立杆，再加一根横杆，搭起称重的架子，然后把杆秤挂在横杆上，就可以称量货物了，旁边还要有人对这些货物分别做记录，后凭借记录收费。

来又山正准备往镇里走的时候，他看到了前来迎接自己的好友。他的好友也是一位过塘行老板，不过他朋友的过塘行的经营范围与运货的过塘行不同，主要用来接待普通旅客。这种过塘行不仅要负责接待旅客，还代办雇船、雇轿、搬行李等业务，甚至还负责接待送葬队伍。因为送葬人数一般较多，加上还有体量不小的棺材，挣的钱也比接待平常的旅客要多。

夜更深了，来又山和友人沿着岸边往前走，运河上船来船往的声音、挑夫们此起彼伏的吆喝声以及乘客们的聊天声让来又山感受到满满的烟火气。他不由得诗兴大发，作了一首名为《西兴夜航船》的诗：

上船下船西陵渡，前纤后纤官道路。
子夜人家寂静时，大叫一声靠塘去！

这诗真是将西兴过塘行生意的红火讲了个透彻，也让我们知道了西兴的过塘行码头在最繁盛的时候，是二十四个小时不间断营业的。

西兴灯笼乡，为照明而生的产业

过塘行码头业务繁忙，几乎一天二十四个小时都在迎接来往过客。而过塘行作为古代的便利店，也跟着码头二十四个小时不间断营业，这就需要有一个用于夜晚照明的工具。而临近过塘行码头的西兴的灯笼是出了名的好，遂成为过塘行照明灯笼的供应地。

在宋朝，西兴的灯笼闻名遐迩，南宋宫廷所用的灯笼基本上都出自西兴人之手。而当过塘行出现之后，往来客商和官吏增多，灯笼的销量倍增，大大促进了西兴灯笼业的发展。那时候西兴的街上，除了过塘行以外，最多的就数灯笼店了。灯笼不仅可以用来照明，也可以作为招揽顾客的信号，夜行船上挂一盏灯笼，以引起别人注意，避免交通事故。

西兴的灯笼都是手工制作，糊制灯笼的主要群体就是西兴的妇女们。上手以后，她们甚至已经不需要靠眼睛去看，凭手去感觉就可以完成。灯笼外面糊的纸叫毛太纸，是以竹为原料制成的，纸糊上后晾干，再抹上桐油，晾干后就可以使用了。

据说，在西兴女孩如果不会糊灯笼，那可是嫁不出去的。无论这传言是真是假，但糊制灯笼的确是西兴女性赚取家用的一个手段。

西兴不少的农民会在农历十月前后，带上材料前往淳安、建德、兰溪、湖州等地，为当地人制作过年要用的灯笼。因为灯笼需求量特别大，他们有的人甚至要忙到元宵节才能回家。也有的农民直接开办季节性的灯笼店，在冬天人们最需要灯笼的时候赚上一笔，这笔钱足够他们来年的花销。

西兴灯笼支持着过塘行的发展，而过塘行的出现，又将西兴灯笼的市场扩展到了全国，南到两广，北达黄河流域。

如果你生活在晚清的西兴古镇，夜晚，吃完晚饭的你，提着一盏大红色的灯笼，灯笼上面可能贴着你姓氏的剪纸，也可能是彩绘的龙凤，或者是最简单的福字。柔和的烛光照亮了平整的石板路，沿着青石板路往下，过塘行外都挂着各式各样的灯笼，让人心生欢喜。码头上，来自全国各地的客商正在过塘行老板的带领下，挑着灯笼从远处走来。这个美丽的古镇似乎变成了灯笼的海洋。

晚清时期，西兴过塘行码头的发展，为西兴人带来了可观的经济收益。有老人回忆，自己的先祖挑上一根扁担就能找到一份收入可观的工作。西兴人守着自己的过塘行，过着安安稳稳的小日子。西兴的过塘行，是西兴商业全盛时期的标志。

参考文献

俞建忠：《文化瑰宝　西兴灯笼——记具有上千年历史的西兴特产手工艺品》，《观察与思考》2010 年第 8 期。

顾希佳：《钱塘江风俗》，杭州出版社，2013 年。

半文：《过塘行》，《杭州日报》2013 年 12 月 22 日，第 6 版。

第三章

风流人物的杭州之行：佳话说不完

吴山驿：年轻驿站的前世今生

明代诗人黄佐有诗《登吴山驿楼晓望》："楼外缁尘望不昏，榣山高峙彩云屯。潮声近欲兼溟渤，树色遥应接蓟门。桑柘影疏嗟亢旱，芰荷衣薄藉朝暾。凭高倚剑歌回首，家在天南烟水村。"

明成化中期（1475—1481），程敏政结束了徽州府家中琐事后，准备返京。此次回程与他历次返京一样，仍然是从休宁县（今属安徽黄山）东门出发，到歙县（今属安徽黄山）渔梁坝乘船，一路沿新安江东行，到严州府后又从桐江北上至杭州，再取道京杭大运河回到京师。

山高水远，舟船奋进。程敏政在夜色中匆匆到达杭州，歇息在了吴山驿。

谁知，他在杭州的好友们早得消息，他才入住吴山驿不久，便有三五友人寻来，与他约定第二日同游西湖。

有人相约，程敏政自然高兴。他之所以取道杭州，第一是因为从京杭大运河北上的水路便捷，不用遭受车马颠簸之苦；第二正是因为他在江浙友人众多，这几年故友之间只有书信来往，不得见面，既有此机会必然要乘兴同游、秉烛夜谈。

程敏政选择的吴山驿是个极年轻的驿站，还不曾有过什么峥嵘岁月。它是在明洪武年间（1368—1398）才设立的。

在元统治后期，全国政治一片混乱，各级驿站大体上处于瘫痪状态，无法为元统治者及时传递军事情报，一定程度上加速了元的灭亡。明洪武元年（1368），朱元璋定都应天府（今江苏南京），建立明朝。经历了数年的战乱，朱元璋也知悉完备邮驿制度的必要性。因此，他在建国后不到一个月的时间里，就火速下达了设置各处水马站、递运所、急递铺的诏令。

此诏令一下，各大州府便即刻执行了。各州府的布政司或按察司根据朱元璋的一系列诏令，大刀阔斧地改革了当地邮驿，并在唐宋驿道的基础上废止了许多无用的驿站。等杭州府的新兴驿站——吴山驿设立时，已经是洪武九年（1376）了。

吴山驿大抵为一个马驿。明时的马驿需配备相当数量的马匹与驴子，如果此马驿处于州府相接的要冲之地，那必须配马三十匹至八十匹不等。马匹还被分为三等，每匹都身挂小铃。这样做是为了在运递紧急公务时，方便下一个驿站听到铃声后即刻供应所需。吴山驿在吴山脚下，而吴山又位于杭州西湖东南岸，交通十分便捷。

从吴山驿出发游览杭州各处佳景都相当方便。每至夜幕时分，身处驿楼之中，还能隐约听到钱塘江的激越清吟。故而，许多文人骚客路过杭州时，都会选择宿在吴山驿中。

明成化年间的著名书法家张弼，就因流连杭城美景，休憩于吴山驿中。当时正是重阳佳节，客居杭州的张弼自然十分思念故乡。秋夜凉意渐显，江涛依旧不绝，孤寂的张弼不能不以诗抒情：

两度重阳客里身，一番秋信一番心。
黄花绿醑闲相对，岳色江声晚独吟。
旅雁嗷云湘水碧，寒蛩催晓越山深。
故园若问归消息，古树飘香已满林。

诗一写，张弼心中的寂寥也被排遣了不少……

所以，这般赏景与交通两相便利的吴山驿，对于此时的程敏政而言，也是一个绝佳的选择。

此后两三日，程敏政皆是行程忙碌。他先是同故交好友欣赏了秀丽的西湖，第二日又去祭奠了一代忠臣岳飞。几人在幽静的净慈寺休憩之时，程敏政还在此偶遇了因公出差至此的郎中顾天锡……

经过几日的奔忙，这晚，程敏政终于得空来整理近日的繁忙思绪。夜阑人静，江水滔滔，只是细细思量片刻，程敏政便有诗吟出——《夜穿杭城宿吴山驿明日三司故人固请游西湖又明日遂拜岳王坟饮净慈寺时顾天锡郎中以公事寓杭不及预会》。其诗道：

匆匆行李夜穿城，好友来寻半日盟。
峰顶几多僧锡住，湖心无数酒船行。
风来废苑堪怀古，雨蚀残碑不记名。
入眼净慈还数里，望尘先拜岳家茔。

大抵是夜半思绪明晰，一首诗竟无法道尽心中的欢愉畅快，他很快又吟出此题目的第二首诗。那句“兴酣更欲寻龙井，谁有风流续辩才”把好友同他本人的潇洒风流说了个透！

诗罢，兴尽。程敏政伴着隐隐江涛在吴山驿驿楼中沉沉入睡，他已经计划好明日启程回京。在睡梦中，他甚至在思量下一次经过杭州时，下榻吴山驿后做甚雅事了。

明朝后期，浙江按察司便将吴山驿并入武林驿。武林驿是在明洪武七年（1374）设立的，位于杭州北面的武林门外。武林门是杭州府的北侧门户，且靠近京杭大运河，水陆交通较吴山而言更为便捷。故而，在全国大量裁撤驿站之时，才有了这番变动。

后来清军入关，稳定政权后，基本承袭了明朝的邮驿制度，吴山驿又重新投入使用。此时的吴山驿位于吴山东麓的清河坊北侧，清河坊此地是宋时的十里御街所在。此地经济高度繁荣，街道两旁各色店铺鳞次栉比，来来往往的行商甚多，消息传递十分迅速，可以算是杭州城一个小小的政治文化中心。吴山驿设立后，很大程度上缓解了浙江境内其余驿站的压力，来往杭州的官员也多了一个投宿选择，更有许多来杭的文人墨客常选择住在吴山驿。

吴山驿又一次成为杭州的知名驿站，此时的它更受当地行政长官的宠爱。据《乾隆杭州府志》记载：“吴山驿袍船修造银五百八十两，座船修造银一千二十四两二钱七分八厘二毫，听差座仙船工食银五百七十九两六钱。吴山驿座仙船一十七只，修造银一百五十一两一忽。都字号座船二只，船头水手二十八名，每名七两二钱，银二百一两六钱。听差座仙船一十五只，船头水手六十六名，每名七两二钱，银四百七十五两二钱。”

从这段文字足可见清朝时期吴山驿地位的重要性。

清末，太平军在江南建立的通信机构——疏附衙，

歸北局
吳山書院故鎮守府也元時爲平準行用庫俗稱倒鈔庫國初因之正統間命內臣鎮守各省改爲府署嘉靖間革除鎮守改爲吳山書院
市舶司本宋德壽宮後圃也永樂中命內臣掌海舶互市於此內有芙蓉石高丈許竇穴玲瓏蒼潤可愛嘉靖中改爲南關公署
杭州府稅課司在文錦坊西洪武五年建
武林驛在芝松坊吳元年建於武林門外洪武二年徙建於此

《西湖游览志》记载的武林驿

取代了江南大部分水驿，吴山驿也不能幸免。不断传入的西式交通工具，在信息传递与运输领域逐步取代传统江南水驿。尤其是新式邮政的传入，使得水驿传递文书的功能急剧减弱。虽然最后“裁驿归邮”没有显著功效，但是这一改革对驿站的打击是不可逆的。

清光绪二十九年（1903），大井巷城内邮政分局设在吴山驿旧址，1914 年大井巷城内邮政分局改为大井巷邮务分局，并迁回到吴山东麓的清河坊。后来又经历了几番变迁，2001 年，为了配合清河坊历史街区的建设，大井巷邮务分局被重新翻建，现在它不仅可以办理各种邮政业务，还向过往游人出售河坊街的特色邮品，其二楼也成为展览邮政发展历史的陈列馆。

旧日的吴山驿成为历史云烟消失在世人眼中。曾经来往于吴山驿的行人匆匆如流水，如今它却已是霓虹灯下、旅游指南上不容忽视的一处历史遗迹。

参考文献

杨正泰：《明代驿站考》，上海古籍出版社，2006 年。

翁礼华：《古驿及其财政》，《浙江财税与会计》2000 年第 7 期。

杨正泰：《〈明代驿站考〉述要》，《文博》1994 年第 2 期。

彭成、汤晓敏：《明代江南运河沿岸驿站选址特征》，《上海交通大学学报（农业科学版）》2016 年第 2 期。

阮东升：《程敏政交游研究》，博士学位论文，华东师范大学，2014 年。

西兴驿：浙东唐诗之路的起点

民国《浙江通志稿》记载："西兴驿为浙东入境首站……凡京外各省发宁、绍、台三府公文，由仁和县武林驿递至西兴驿接收挂号，拨夫转递山阴县蓬莱驿收转；宁、绍、台三府发省城及萧山县属公文，由蓬莱驿递至西兴驿接收，拨夫赴省并分投萧山县城内外各镇；省城以外公文也由西兴驿驰送武林驿接收，转递下站。"

西陵，浙东唐诗之路的第一站

七次下杭州的李白，堪比杭州资深导游

西兴，旧称固陵、西陵，历来为浙东入境首站，也是水路中转站，因此很早便有了水驿码头。

作为杭州资深旅客的李白几乎每到一处都要留下诗作，可谓爱这方水土爱得深沉。

后来李白在长安受到排挤，被放逐出京。以他放荡不羁的性格，对这种事也看得很淡，反正自己没当官，到处玩玩乐乐也挺开心的，现在无官倒也一身轻，干脆再度踏上漫游的旅途。

去哪里？首站当然还是景色优美的杭州，吴越之旅再来个几十遍都不嫌多。就这样，李白又到杭州去了。

一天，李白站在西陵渡口，这里人流如织、货来货往，他却丝毫不受影响，只独自遥望着远方。他突然想到谢灵运："谢公笔下天姥山如此雄伟壮阔，去了越州

驛站

西興驛 萬歷志在西興鎮運河南岸額水夫九十八名後裁十八名內山陰八名會稽六名岸夫九十六名後裁六名內馬夫十名除諸暨一名中船十隻俱係官造清朝額設西興水驛丞一員 攢典一名 驛皂二名 均平皦夫一百四十二名 驛水夫七十名 探聽夫一名 代馬竹兜夫二十五名 渡夫一十六名後增八名現共二十四名 肩輿夫一十名 站船七隻 紅船四隻 中河船四隻見通志咸豐設十隻後存四隻復因年久朽廢無存現在撥用中小河船應差係站船水手隨時僱值

賦役全書驛站項下西興驛經費銀一千一百四十七兩三分八釐零遇閏加銀七十六兩七錢四分以上銀兩縣征解道轉發驛丞支給其各項細款具詳通志見下

應差夫工食銀一千二十一兩九錢四分遇閏加銀八十五兩二錢通志均平轎夫一百四十二名工食加閏如前數其銀於地丁內征收報道由縣給領仍歸驛站起運項下造冊報銷

存留項下西興驛丞俸銀三十一兩五錢二分 驛皂加閏銀一兩以上二項在縣征給外驛

蕭山縣志稿 卷二 山川門 驛站 五十二

民国《萧山县志稿》记载的西兴驿

好几次都因各种杂事脱不开身，如今我何不趁此机会，从西陵渡口乘船而去？”李白打算追随谢灵运的脚步，去越州天姥山。

为什么他要从西陵过去呢？这还要从西晋时说起。

西陵是一个用作屯兵御敌的军事要塞。在西晋永康年间（300—301），会稽地方官员贺循为了造福桑梓，于是主持疏凿了一条由今绍兴西郭向西，经柯桥、萧山直至西兴的人工河道，这条运河恰好与山阴故水道相连。西兴地理位置本来就独特，现在由于运河的开通，西兴更是承载了北接杭州，南通宁、绍、台的任务，水陆交通非常便利。因此，西陵逐渐转化为一个以水路为主的驿站码头。

所以从西兴走水路到天姥山是非常方便的，一路上还可以欣赏到不同于陆路的别样风景。

就这样，李白从西陵渡口出发，朝着那条山阴古道前进，去他魂牵梦萦许久的天姥山。他后来那首脍炙人口的《梦游天姥吟留别》，可以说就是在西兴渡口启航的。

之后的某年，他的一位好友要去会稽山，一听到这个消息的李白立马高兴起来，他可是吴越旅行路线的资深玩家。于是他便写下《送友人寻越中山水》送给朋友，“闻道稽山去，偏宜谢客才。千岩泉洒落，万壑树萦回。东海横秦望，西陵绕越台。湖清霜镜晓，涛白雪山来。八月枚乘笔，三吴张翰杯。此中多逸兴，早晚向天台。”

全诗没有表现一丝对好友将要离开的不舍，都在推荐越州的山水和美食，并且认为像朋友这样才华堪比谢灵运的人，非常适合这一方美景。李白就像个资深导游一样，为友人写了一份旅游攻略。也只有真心喜爱这一片山水的他才能在友人即将离开时写出这样的诗，就差跟友人说把他也一起带去玩吧。

凭江眺望，西陵驿住着他的友人

在武侠世界中，最令人难忘的当属黄河岸边的“风陵渡”。这个在北方富有盛誉的地名，其实在南方也有个极为相似的地方。江南的“风陵渡”就在今杭州西兴，这里是春秋时期越国渡江到吴国的重要渡口，据《水经注》记载：“昔范蠡筑城于浙江之滨，言可以固守，谓之固陵，今之西陵也。”[①]这个渡口可不得了，它是浙东

①郦道元著，陈桥驿校证：《水经注校证》，中华书局，2013年。

唐诗之路的起点，无数文人墨客与官宦名流都曾来此怀古赏景，观潮吟诗。渡口边曾在唐时设有驿站，名为西陵驿，就在钱塘江畔。因吴越王钱镠觉得“陵”非吉语，便改西陵为西兴并沿用至今，那个驿站便被称为“西兴驿”。自建立以来，西兴驿见证了不少离愁别绪，其实最为人们称道的当是元白之交。

唐长庆二年（822），一纸调令将白居易任命为杭州刺史。

巧的是，他的好友元稹也于唐长庆三年（823）调任越州刺史兼浙东观察使。越州与杭州连郡，两人相隔不远，政务又不是很繁忙，往来唱和的诗句颇多，留下了“诗筒传韵”的佳话。

元稹前往越州赴任途中要经过杭州，如此大好机会，他怎么会不去拜访好友白居易呢？白居易听说元稹来了，早早来到渡口边等他的客船抵达。钱塘江上微风习习，盛夏的暑热都被吹散了。随着客船靠岸，一抹熟悉的身影出现在白居易眼前。他没有寒暄，只是示以微笑，随后两人就默契地同离渡口，步入人影幢幢的街市。

在杭州逗留几天后，元稹不得不择日赴任越州。白居易十分不舍好友，他置了酒席，为元稹送别。两人就在江边酒肆闲谈，没有一句说到离别，但都分外珍惜此时此刻。

终于，天色渐晚，元稹错过一班又一班客船后，起身和白居易作别了。两人的酒杯都空了，酒肆里也已经点上了烛火。

等候元稹的船家站在船头，喊他：“可快些上船，

西兴驿遗址

要不到西陵渡就晚了。”

船家这话倒不是故意催元稹，而是确有其事。唐时，若要从杭州前往越州，往往是从三廊庙附近的柳浦渡出发，乘船前往对岸的西陵渡再做打算。由于这里是一段交通要道，所以江岸两边都设置了驿站，江北为樟亭驿，江南就是西陵驿。按照元稹现在这个情况，到西陵渡之后黑灯瞎火的，想必是走不了了，得在那儿的西陵驿过夜才行。

元稹背着行李向客船走去，上船后向着白居易挥手作别，站在岸上的白居易这才转身离去。船家撑船离岸，船上的元稹突然回过身来，却见好友白居易也在此时回头，两人相视而笑直到水雾茫茫视野受阻。

白居易送走元稹后回到州治，在虚白堂里睡了一觉，等他一觉醒来才发觉入目皆是夜色，入耳都是草虫啾鸣。

他躺在榻上，心想：微之应到越州了吧？他又躺了一会儿，神思才逐渐清明，坐起来点了烛火，写下《答微之上船后留别》：

烛下尊前一分手，舟中岸上两回头。
归来虚白堂中梦，合眼先应到越州。

刚落笔，白居易又暗暗怪自己想得不够周到：微之登船时天色已晚，哪这么快就到越州了，想必会在西陵驿暂歇一晚。

他听着院中小虫啾鸣，想到送别好友时的情景。他站在岸边，看元稹的船远去，江水滔滔，烟波袅袅，视野尽头似乎有一抹白色若隐若现。那里想必就是西陵古驿台了。昨日他能在这头望见驿台，明日即便前去原地等候，可能也看不见驿站影子，更别说瞧见元稹了。空等一天，到了日暮时分，也许只能看见渡船被潮水送回。

他倍感失落，又写下《答微之泊西陵驿见寄》：

烟波尽处一点白，应是西陵古驿台。
知在台边望不见，暮潮空送渡船回。

白居易在江岸这边揽笔抒怀，他笔下的西陵驿却依旧静静伫立在江岸那边。元稹暂住在西陵驿中，他一夜安眠，倒是没想到白居易不得好睡，深夜寄兴于简牍了。

除了李白、白居易之外，西陵渡口还留下了许多诗人的足迹。

唐朝史学家孙逖在江南的时候，总是想家。游玩了许久，终于要回家了，走到西陵渡的时候，当他看到茫茫夜色中那广阔无边的江水时，突然又生出一些不舍，遂将船停了下来，他要和这江水作别。简单的作别似乎不够，不能说尽他此刻心中的怅惘。于是，他又写下了《春日留别》：“春路逶迤花柳前，孤舟晚泊就人烟。东山白云不可见， 西陵江月夜娟娟。春江夜尽潮声度，征帆遥从此中去。 越国山川看渐无，可怜愁思江南树。”

同样是写西陵，唐代诗人刘长卿就没有这么多儿女情长了，他在《西陵寄灵一上人》中写道“西陵遇风处，自古是通津”。一句话点出了西陵的地理位置，让我们知晓，西陵不仅是浙东唐诗之路的起点，还是历史上镇守古越国边防的雄关要塞，更是运河上的交通要津。

这些一千多年前的诗人们，用手中的笔将西陵古渡、湖光山色、江边驿站、钱塘大潮等都写入诗句，用诗歌铺就了一条浙东唐诗之路，为西兴留下了珍贵的历史记录和脍炙人口的诗篇，也为中国传统诗词增添了浓墨重彩的一笔。

《康熙南巡图》第九卷，画中的西兴繁华

清康熙二十八年（1689），康熙从京师出发，开启他人生中的第二次南巡。康熙觉得自己如此耗费时间的南巡在史书上的记载也就寥寥几笔，这样怎能教育子孙后代呢！但在那个时候没有相机，也没有摄像机，康熙很困惑该如何将自己南巡的盛况留下来。好家伙，最终他想到带几个画师和自己一同出巡，让这些画师用笔和纸记录下他南巡路上的点点滴滴。

陪同康熙南巡的王翚、杨晋等画师，创作了整整三年，才将这幅大型历史画卷画了出来。翻开《康熙南巡图》，你会看到康熙从京城到绍兴沿途所经过的山川城池、名

《康熙南巡图》中的铁陵关

胜古迹，就连一些城池衙署、典当商行也在其中，简直是包罗万象，应有尽有。

而杭州的西兴驿就出现在这幅图的第九卷。画面一开始就是水域广阔的钱塘江，天气晴好，江面风平浪静，当船只驶来的时候江面又泛起层层涟漪。康熙乘坐的龙舟赫然停在中心位，不计其数的小船簇拥在龙舟的周围，场面甚为壮观。

康熙下船后，从岸上赶来的挑夫以及随行的侍卫正忙着将船上的物品往岸上运去，牵着马的、赶着车的、挑着担的……各种搬运方式无所不有。再往前走，就看到一个张灯结彩的城门，想必是为了迎接康熙专门布置的，这里就是铁陵关，而关里面就是西兴驿了。

入关之后，只见城门有两层，内城像是一个有口的葫芦。一条河从水门穿城而过，城内街市十分整齐，过

往行人摩肩接踵，热闹非凡。城外舟船，城内商贾，无一不彰显着西兴作为南北物流枢纽之地的独特位置，也就是这一位置，成就了西兴的千年繁华。

西兴镇处在浙东运河的起点上，是两浙的门户，而此处的西兴驿，就是朝廷专门在这里设置的水驿码头。早在唐朝以前，朝廷的公文、进京的奏折都是从这里进行传递，过境官员、来往商贾、江南游客都要从这里经过，西兴驿也建造得极为华丽舒适，并且长期保持着较高的接待规格。

据《萧山县志》记载，清乾隆年间，西兴驿还保持着明代规模，有房子十二座，人员有驿丞一员，攒典一名，驿皂二名，纤夫一百四十二名……船只有站船七只，红船四只，中河船四只。

西兴驿的繁华，由此可见一斑。

《康熙南巡图》中的西兴驿

如今的西兴已没了驿站的踪影，但那条沿着浙东运河全长近千米的老街，依然光彩瞩目。当初的坊肆林立和人来人往都成了过眼烟云，现在的西兴老街虽然繁华不再，但古韵更长。两岸的二层楼屋，曾经是茶馆、剃头铺子、灯笼铺子与酒家，它们挨着运河，产生的喧闹声被千百条商船上的吆喝声吞没……等到黄昏时分，你去西兴老街上走走，那些千年市集声或许还会带你入梦。

参考文献

陆春祥：《李白的天姥——重走浙东唐诗之路》，《中国青年报》2019年3月29日，第4版。

孙跃：《樟亭倚柱望潮头——杭州历史中的樟亭驿》，杭州出版社，2016年。

樟亭驿：文人墨客达官显贵的观潮胜地

清代《读史方舆纪要》载：“浙江驿，府南十里龙山闸，左滨江，宋有浙江亭，置于候潮门外，亦曰樟亭，为观潮之所。绍兴以后，每宰相去位，则待罪于浙江亭。明初改置今驿。”

涛似连山喷雪来：李白的观潮体验

唐开元十四年（726），李白二十六岁，已辞亲远游两年的他正在旅途中。此时的李白风华正茂，处于对世间万物充满强烈好奇心的年龄，年年都在不断刷新自己在大唐疆域的打卡地点。

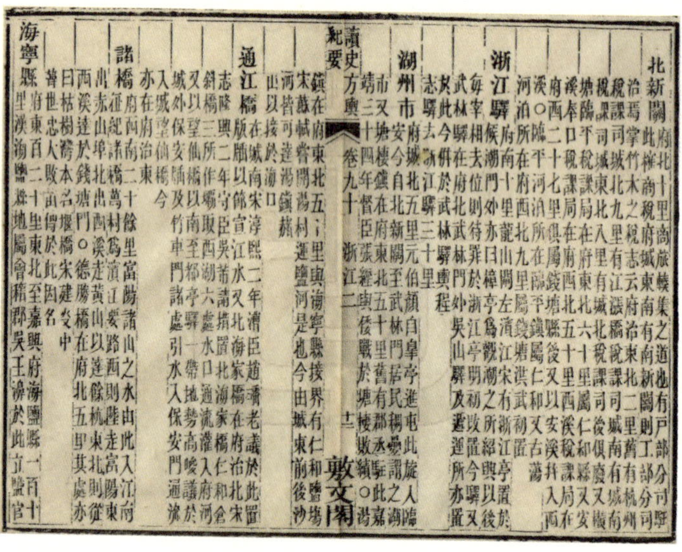
北新關府北十里商旅輳集之道也有戶部分司駐此榷商稅府城東南有南新關則工部分司治焉掌竹木之稅志云府治東北二里舊有杭州稅課司城北九里有江漲橋稅課司城南有城南稅課司城東北八里有城北稅課司後俱廢又棲塘臨平稅課局在府東北六十里屬仁和縣又安溪奉口稅課局在府西北五十里西溪稅課局在府西二十七里俱屬錢塘縣後又以安溪并入西溪○臨平河泊所在臨平鎮屬仁和又古蕩河泊所在府西北九里屬錢塘洪武初置

浙江驛府南十里龍山閘左濱江宋有浙江亭置於候潮門外亦曰樟亭為觀潮之所紹興以後每宰相去位則待罪於浙江亭明初改置今驛又武林驛在府北武林門外吳山驛及遞運所亦置於此今併於武林驛輿程志驛去浙江驛三十里

湖州市府城北五里元伯顏自皋亭進屯此旋入臨安今自北新關至武林門居民稠疊謂之湖市又塘棲鎮在府東北五十里舊有郡丞駐此嘉靖三十四年督臣張經與倭戰於塘棲敗績○湯

讀史方輿紀要 卷九十 浙江二 十二 敷文閣

鎮在府東北五十里與海寧縣接界有仁和鹽場宋蔵械嘗屯湯村運鹽河是也今由城東前後沙河皆可達湯鎮蔴止以接於海口

通江橋在城南宋淳熙二年漕臣趙磻老議於此置版牐以節宣江水又北海家橋在府治北宋志隆興二年守臣吳芾請措置北海家橋仁和倉斜橋三所作壩取西湖六處水口通流灌入府河又以望仙橋以南至都亭驛一帶地勢高峻議於城外保安牐及竹車門諸處引水入保安門通流入城望仙橋今亦在府治東

諸橋府西南二十餘里富陽諸山之水由此入江南征紀諸橋萬村爲濱江要路西則陸走富陽東北赤山埠北出西溪走黃山以達餘杭東北則從西溪達於錢塘門○德勝橋在府北五里其處亦曰枯樹灣本名堰橋宋建炎中韓世忠大敗[illegible]於此因名

海寧縣府東百二十里東北至嘉興府海鹽縣一百十里漢海鹽縣地屬會稽郡吳王濞於此立鹽官

《读史方舆纪要》记载的浙江驿

驿站杨柳码头风 HANG ZHOU

樟亭驿

今年他的目标是到吴越之地缅怀古迹。春天，李白离开金陵（今江苏南京），又在姑苏（今江苏苏州）待了些时日，后经镇江来到杭州。

因自己的堂侄李良任杭州刺史，所以李白在杭州停留了相当长一段时间。虽然李良热情邀请李白下榻自己的府邸，但他心中更想住在樟亭驿。他早听说杭州钱塘江的大潮是罕见的盛大景致，在樟亭驿观潮最方便。

樟亭驿这个驿站颇有些特点。

最开始，它并非一个驿站，只是一个码头，名叫樟林桁。这个码头是在晋代出现的，据说因为建造码头用的材料是樟木，所以就叫作樟林桁。它是杭州最早的码头之一。

隋末唐初，官府特地在此处设立了一个驿站，并取名樟亭驿。要知道驿站的选址是很讲究的，不可马虎。樟亭驿此处，自古就是钱塘江的一处重要渡口，经过好些年的经营，早就成为一个重要的交通枢纽。它的北岸是进入杭州的门户——柳浦渡，南岸则是西陵渡，从柳浦渡过钱塘江可到达西陵渡，能同宁绍平原相连，还处在沟通浙东与浙西的要道上，可谓是驿道的必经之处。

樟亭驿那些投宿、传递信息情报的功能都无法吸引李白，他关注的是此处可以观赏到闻名天下的钱塘江大潮最为壮阔的一面。

李白早就打听过，知道樟亭驿这个地方是观潮最妙的地方，但最佳观潮日还没到。既是如此，李白同堂侄商量后，决定先去杭州其他地方游玩。几日后，两人一道坐马车前往九里松和天竺寺游览。天竺寺没让李白失望，它在茂林修篁中，寺中还有参天古树，环境十分清幽寂静。李白的心不由得静下来，候潮令他失去耐心，今日的天竺之行又让他变得淡定从容，且对杭州的喜爱更上一层楼。

夜里，宿在樟亭驿的李白在窗外阵阵潮水声中忆起了白日的快乐时光。左右睡不着觉，就点上灯，来到书桌前，想将白日里瞧见的景致记录下来。沉思片刻后，就开始动笔——

挂席凌蓬丘，观涛憩樟楼。
三山动逸兴，五马同遨游。
天竺森在眼，松风飒惊秋。
览云测变化，弄水穷清幽。
叠嶂隔遥海，当轩写归流。
诗成傲云月，佳趣满吴洲。

钱塘江潮

写完最后一笔，李白停顿片刻，才在一旁补上题目——《与从侄杭州刺史良游天竺寺》。

天竺寺一游后，李白便独自一人去了杭州各地赏玩。因堂侄李良毕竟是杭州刺史，不比李白这么悠闲。如此数日过去，终于等到一年一度的观潮佳日。这天一早李白便洗漱干净，端坐在自己房间的窗前，静待潮水的佳音。

只见那潮水远远地从天际涌来，片刻间，就奔涌至樟亭驿面前。那浪潮有滔天之势，最高的足足有三米，潮差竟达到十米左右……

李白被这潮水震撼，他自以为这几年来也算见多识广，虽早闻钱塘大潮的盛名，但心中并未有过多期待。今日乍见，才真真正正地明白“眼见为实，耳听为虚”的道理，这钱塘江大潮果然不俗，当真只有亲见才能感受到江潮之汹涌。

他专门写下《横江词六首》来表白自己的心迹。这组诗开头便说“人道横江好，侬道横江恶”，这般的江潮巨浪简直是“一风三日吹倒山，白浪高于瓦官阁”。这六首诗中最有名的一首是“海神来过恶风回，浪打天门石壁开。浙江八月何如此？涛似连山喷雪来”。

观潮不久后，李白就同自己的堂侄告别，离开杭州，往越州等地去了。但在樟亭驿的观潮体验却让李白念念不忘，甚至在与好友的书信交往中也多次向他们推荐樟亭驿与钱塘潮。

此后余生，李白也曾多次来到杭州。他始终不忘的是当年自己在樟亭驿看到的那场大潮。但驿站还是那个驿站，潮涌也依旧凶猛。那年观潮的那个意气风发的年轻人却已经衰老了，看潮的心境也发生了变化。

惊涛拍岸来似雪：孟浩然的八月十五

杜甫有许多诗歌写到李白，如《春日忆李白》《梦李白》等，可是李白却说“吾爱孟夫子，风流天下闻”。

这三人的关系很有意思。杜甫和李白是忘年交，他比李白小十一岁；李白又和孟浩然是莫逆之交，孟浩然比李白大十二岁。李白初见孟浩然时，孟浩然已在太学赋诗，近乎每首诗都引得洛阳纸贵。当时的孟浩然才华横溢，连唐玄宗身边的杨国忠都不放在眼里，李白这样年少轻狂的人，他会怎样对待？

其实二人初次相见就深感相见恨晚。孟浩然欣赏李白，不仅是因为他的才华，还有李白骨子里的傲气和放荡不羁。或许和李白的相识，是孟浩然生命中的一次觉醒，这为他日后的逍遥隐居找到了内心的坚持。

唐开元十六年（728），已经四十岁的孟浩然带着满腹经纶前往科举考场，结果竟是名落孙山。万般无奈的他，带着情绪说出那句“不才明主弃”的抱怨。不巧的是，这诗竟被唐玄宗亲耳听到，玄宗的脾气可容不下这样的牢骚，他告诉孟浩然：“卿不求仕，而朕未尝弃卿，奈何诬我！”下令把孟浩然放归襄阳。孟浩然也就此洒脱转身漫游吴越，穷极山水之胜。

到了吴越之地，孟浩然想：早就听闻浙江潮是天下奇观，反正我是“奉旨”归隐，何不到此一游？于是他决定立刻前往杭州，并邀钱塘县县令一同观潮。钱塘县的颜县令非常兴奋：自己竟然能同名动公卿的孟浩然一道观潮！他为使孟浩然能够充分享受浙江潮这场视听盛宴，劝说孟浩然不妨多待几日，过了中秋，便能看到潮水盛况。

孟浩然觉得自己左右也无事，便带着满心期待，静待中秋佳节的到来。

这一日，孟浩然同颜县令来到樟亭驿馆，他内心的激动让他全然忘却自己此时正处于仕途不顺和异客他乡的境地。钱塘江水不负期望，如约而至。瞬时钱塘江江面水势滔天，浪头不断从远处的江面奔涌而来，到了近处，可见那潮头高至数米，劈头盖脸地向岸边砸来。往往前浪还未退去，后浪就已经涌来……

这宏伟壮阔的场景让久久期盼的孟浩然惊叹不已，见过了这般汹涌澎湃的涌潮，他笔下的文字也大气磅礴。孟浩然在《与颜钱塘登樟亭望潮作》一诗中，把八月钱江大潮写活了，他生动地描绘出当年杭城百姓在樟亭驿楼观潮的盛况——“百里闻雷震，鸣弦暂辍弹。府中连骑出，江上待潮观。照日秋云迥，浮天渤澥宽。惊涛来似雪，一坐凛生寒”。

在孟浩然之后，又有更多文人慕名前来樟亭驿观钱塘大潮。

愁人夜望潮水茫：白居易在杭州

一个盛唐在安禄山的刀剑中面目全非，多年后的痛定思痛，恐怕更多的还是睹物伤怀。一个人骑着一匹瘦马，路过勤政务本楼前唐玄宗亲手栽种的柳树，这树已经愈发衰老。他哭了出来，然后为唐玄宗和杨贵妃写下一首《长恨歌》。可是新皇登基，年轻的君王不在乎他的文采有多好，只觉得他十分碍眼。

他就是白居易。

唐长庆二年（822）的盛夏，唐穆宗终于下达赶走白居易的旨意，一纸诏书摆在白居易的面前——外放杭州刺史。其实白居易自己也清楚：他到底是个前朝老臣，即使无过，光是生活在唐穆宗的眼皮下，都会惹得新皇心生不满。他也曾请求过外放，如今的远走他乡，倒不如说是一场解脱。

此时的杭州还远不及南宋柳永笔下的“钱塘自古繁华”，甚至因为临海而建常有自然灾害。即使如此，白居易出发的时候还是宽慰自己说：“虽未脱簪组，且来泛江湖。”七月接到旨意，白居易立刻收拾行装，走马上任。

从洛阳出发，白居易辗转三月，终于到达杭州。正式上任前，白居易先住在杭州的一处驿站，此驿站正是樟亭驿。三个月的奔波，加上降职带来的小失落，白居易心中多少有些不快活。

十月的杭州，夜风已有微微凉意。这风对于白居易来说就像是心头的一把小刀，它尖锐地戳在他最敏感的神经处。此时的他，心中的万般情绪都开始沸腾起来，离开京城时还能强作笑脸安慰自己，到底还是不能勉强自己。可他不得不早日习惯这一切，因为这才只是外放的开始。

新官上任需要走流程，他只能在驿站持续地等待，同时他的睡眠越来越少。失眠，终于在这一晚暴发。

他在杭州举目无亲，身边甚至一个可以说话的人都没有，只能望着这滔滔江水，一刻不停地奔腾而去。他心里的苦闷也随着江水一涌而出，他写下《宿樟亭驿》："夜半樟亭驿，愁人起望乡。月明何所见，潮水白茫茫。"白居易估计这辈子都没有想到，这被称为天下奇观的钱江潮竟然陪伴自己失眠思乡。

此后白居易就任杭州刺史，也常喜欢来这里宴请宾客，一同看潮。但是白居易看钱江潮，大约是更希望自己的烦恼能被这江水冲刷掉。

> "八月十八潮，壮观天下无。鲲鹏水击三千里，组练长驱十万夫。红旗青盖互明灭，黑沙白浪相吞屠。人生会合古难必，此景此行那两得。愿君闻此添蜡烛，门外白袍如立鹄。"

这是北宋著名词人苏轼在杭州观钱江大潮时写下

的《催试官考较戏作》，这首诗描绘的钱江大潮的景观实在令人心生向往。在宋代，观钱江大潮最好的去处仍是樟亭驿。事实上早在唐朝，樟亭驿已经成为观潮旅客的热门打卡地点，每年中秋前后，路上车如流水、人如潮涌。

远眺钱塘江的入海口，像个喇叭的形状。潮汐形成汹涌的浪涛，犹如万马奔腾。如今农历八月，人们还是常去钱塘江边看这滔天的巨浪。虽然观潮的习俗没有变，但是曾经观潮的驿站已经不在了。汹涌向前的江水就像

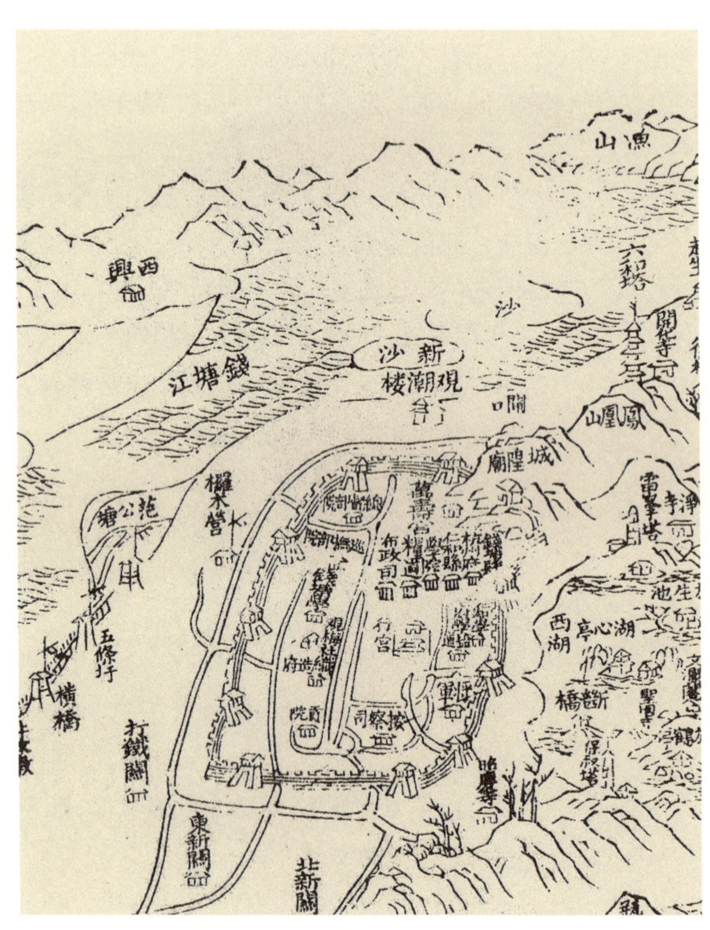

《杭州府志》中的观潮楼

是时间的大手，翻过历史的痕迹，让这从不曾停歇的江水看世间万物，从来只是“世事日随流水去，红花还似白头人”。

参考文献

欧阳修：《新唐书》，中华书局，1975 年。
上海古籍出版社:《全唐诗》，上海古籍出版社，1986 年。
柳宗元：《柳宗元集》，中华书局，1979 年。
田汝成：《西湖游览志》，上海古籍出版社，1998 年。

江口码头："偷渡客"成寻的第一站

北宋《参天台五台山记》记载："津屋皆瓦葺，楼门相交。海面方叠石高一丈许，长十余町许。及江口，河左右同前。大桥亘河，如日本宇治桥。卖买大小船不知其数。回船入河十町许，桥下留船。河左右家皆瓦葺，无隙，并造庄严。大船不可数尽。"

《参天台五台山记》是北宋时日本僧人成寻的日记。当时龙山河源头已设立江口码头，成寻就是在此登岸进入杭州的，他用他的笔为我们写下了当时江口码头的繁华与龙山河两岸的风光。

北宋熙宁五年（1072）四月，正值江南的梅雨天气，细雨霏霏，薄薄的烟雾笼罩着江面，隐隐约约可以看到一艘商船正在缓缓往前行驶。船上有个穿着黑色僧服的和尚，他是来自日本的一位"偷渡客"，名叫成寻。经过长时间的颠簸，他乘坐的船终于经龙山闸顺利登上江口码头，而他也终于来到梦寐以求的大宋。

成寻，作为一名日本人，为什么会大老远来到宋朝？而且这还是他梦寐以求的事情！这还得从成寻小时候说起。

成寻七岁便在京都岩仓大云寺出家，修习的佛法属天台宗。自幼修习天台宗的成寻一直有一个梦想，他希望有朝一日能够去五台山和天台山，开启一次神圣而庄严的朝圣之旅。

在他四十二岁当上延历寺阿阇梨寺主时，他终于有资格向天皇奏请巡礼（朝拜圣地）宋朝的事情。不过因为诸多杂事缠身，他一直无暇请奏，巡礼宋朝这件事就拖到了五十九岁。

这一年，他向天皇上书："请您准许，将官符赐予我，让我可以随大宋客商一同前往大宋，巡礼五台山，并且寻觅先贤遗迹……"

可自从安史之乱以后，唐朝的经济遭到了重创，已经不复当年的繁荣。再加上唐武宗在会昌年间（841—846）发起的大规模拆毁佛寺和强迫僧尼还俗的毁佛运动，那些前往大唐的日本高僧备受打击，回到日本后就向天皇禀告，请求取消遣唐使前往唐朝学习的活动。从此以后，日本政府便取消了公派前往大唐的计划，直到大唐已变更为大宋，官方的外交活动仍旧没有恢复。

成寻的奏请果然石沉大海，两年都没有回音。此时已经六十一岁的成寻不想再等了。再这样耗下去，就算天皇同意了，他这把老骨头能不能忍受旅途的舟车劳顿还不得而知呢。

于是，他和当时在日本贩运硫磺的宋商陈咏、曾聚联系上，请求陈咏载自己一程。没有日本天皇的文书，也没有宋朝政府的邀请，此时的成寻只能算是一名"偷渡客"。成寻自己当"偷渡客"不过瘾，还带上了自己的七个弟子。本来想一路直达五台山的，但是陈咏的商船要先去杭州将硫磺卖掉，他只好客随主便，随陈咏一起先前往杭州。

于是，他在六十一岁这一年终于踏上了来大宋巡礼的旅途。

他们的商船从出发到现在，已经在海上行驶了好多天。成寻心想多亏自己没有继续等待天皇的准许，再等几年，这种强度的旅行真的能要了他的命。成寻正在想事情，陈咏走了进来，他说："走了这么久，大家都累了，船马上就要到萧山了，我们今天晚上在这里休息一晚，明天一大早起来再赶路吧！"成寻当然没什么意见，自己这把老骨头要是能休息一晚上，是求之不得的事。

很快，船就停在了萧山的埠头，为了方便起见，大家还是在船上休息。船上的艄工林廿郎、陈从，虽然不会说日语，但是对远渡重洋前来大宋的这八名高僧都十分尊敬。他们拿出了各自仅剩的六个糖饼，分给这几名日本友人。

正在大家津津有味地吃着糖饼时，一位操着福州口音的商人，拿着一篮果脯上来卖。陈咏问："你这从哪里弄来的荔枝干啊？"福州商人说："我从家乡收的，新鲜的不好运输，我就把它们加工成荔枝干，准备运去杭州卖。"成寻一行人都没见过荔枝，好奇地直盯着福州商人的篮子，陈咏看见后，便把这篮荔枝干买了下来，分给成寻等人。成寻第一次吃到荔枝，虽然只是荔枝干，但也足以让他高兴很久。

休息了一晚上的船工，一大早便精神充沛地站在船头说笑。陈咏吩咐下去，说立马开船前往杭州，昨天卖荔枝干的福州商人也准备起航了。两艘船前后离开了萧山埠头，一路往杭州驶去。

正和弟子说话的成寻突然听到类似于炸雷的声响，轰隆隆地把他的耳膜都震得生疼，几位随从显然也和成寻一样被吓坏了，连忙跑出了船舱。经过陈咏的介绍，他们才知道这是钱塘江大潮。陈咏告诉成寻："可惜现在是四月，要是八月十八来，你才能真正感受到钱塘江大潮犹如万马奔腾一般的雄伟壮观。”成寻心想：我这把老骨头，年轻时还行，现在老了，可经不起折腾，还是风平浪静才好。

越往杭州走，江上的船也就越多，成寻站在船头，惊叹地看着这些船只，密密麻麻的，几乎将江面覆盖住了。

过了晌午，船终于泊在离江口码头不远的龙山闸外。闸外停留着不少船只，成寻很好奇，询问陈咏原因。陈咏告诉他，因为这里有个龙山闸，是定时关闭的，所以闸内外都停留着不少的船只。龙山闸口，是为了防止潮水涌入影响航运而修建的，因背靠龙山而得名。龙山闸有两个闸门，居于外侧的叫“浑水闸”，“浑水闸”里面潮水到不了的地方，设置“清水闸”。涨潮时将“浑水闸”打开，把船只放进去。再将清水闸打开，把船引到运河里面。等到退潮的时候，就把“浑水闸”关紧，以保证运河的水量。听完陈咏的解释，成寻连连赞叹，被大宋人的智慧所折服。

陈咏又说道：“马上就可以在江口码头靠岸了。”

成寻心里很开心，终于可以脚踏实地站在大宋的土地上。

江口码头是当时城南码头里面最著名的一个码头，极为繁华。从船上下来的成寻，顿时被杭州的庄严华丽给吸引住了。

最先映入成寻眼帘的是那一幢幢瓦片盖顶的房屋，当时的日本还没有掌握大规模生产瓦片的工艺，房子的屋顶基本上都不是瓦片盖顶，所以成寻一下子便捕捉到了这个细节。第二眼他便看到了大江之上百舸争流的壮观景象，既有南来北往的高大船只，也有木筏和竹排夹杂其中，多得根本都数不清。当时从运河上游、浙东以及由海道而来的船只都要在江口码头停靠。

南宋时的江口码头更为繁华，它的范围从龙山河与钱塘江交汇处一直到龙山闸，那些从衢州、安徽等上游来的船只和货物往往都聚集在这里。时人吴自牧就曾在《梦粱录》中写道："海舶、大舰、网艇、大小船只、公私浙江渔浦等渡船、买卖客船，皆泊于江岸。盖杭城众大之区，客贩最多，兼仕宦往来，皆聚于此耳。"

无论是产自杭州的柴炭、木材、柑橘、水果、干果，还是产自其他地区的海鲜、鱼、蟹、鲞、腊等货，都要通过这里运往全国各地。

南宋末年的葛澧在《钱塘赋》中描绘了江口码头货物繁盛的场景："江帆海舶，蜀商闽贾，水浮陆趋，联樯接武，红尘四合……乃有安康之麸金、白胶，汝南之蓍草、龟甲，上党之石蜜、赀布，剑南之缟纻、笺锦……"

成寻还在目不转睛地观察杭州时，陈咏已经交完了关税。江口码头作为杭州首屈一指的重要码头，设有税关，向出入船只收税。《宋会要辑稿》一书中记载，北宋熙宁十年间（1068—1077），江口码头的商税额能达到二万六千余贯，相当于现在七百八十多万到一千多万元之间。而到了南宋，随着政治中心的南移，税额就更多了。据《咸淳临安志》记载，咸淳时期江口码头某一年的税额为八万一千八百余贯，相当于现在两千四百多万到三千两百多万元之间。

从江口码头上岸后，陈咏便带着成寻往城内走去，正在这时，有人拿着一张纸来找成寻推销，陈咏上前来翻译，这些人手里拿的是杭州的“地经”，也就是现在我们所说的地图。成寻饶有兴趣地买了一份，又看向熙熙攘攘的人群，这些人里有在杭州谋生的，有来赶考的，有做买卖的，有出来旅游的，有街头卖艺的，人声鼎沸，特别热闹。

陈咏是一个很细心的人，他专门为成寻找了一家经常做海贸船生意的店家。平常来杭州的外地人，他都会给客人提供住宿、食物，如果需要的话，他还可以给客人一些银钱，有点像现在的小额贷款。成寻来之前，因为自己此行是私人出行，要开销自理，只带了一些金银在身上，立马就和店家兑换了一些铜钱。稍作休息后，成寻便急切地走出酒店，前去感受宋朝生活。

他在杭州第一次见到驴，估计是没找到懂日语的，没办法问，他自己默默给驴起了个名字，叫“兔马”。在杭州第一次吃到樱桃、切成段的甘蔗、柿饼、梅子、松子、龙眼、胡桃子、生莲根（即藕）、紫苔及数种不知名的水果，他在日记里写道——因为没见过的好吃的太多了，为了多吃这些东西，连饭都吃得很少。

江口码头，作为杭州众多码头之一，在这段时期发挥了重要作用。多少文人墨客、商人、僧侣从此登岸，见证了杭州的逐渐繁荣的过程。

参考文献

刘亚轩：《杭州中东河历史变迁研究》，《河南牧业经济学院学报》2016年第4期。

成寻著，白化文、李鼎霞校点：《参天台五台山记》，花山文艺出版社，2008年。

稻冈誓纯：《日中佛教交往的一个侧面》，《佛学研究》1996年。

刘天祥、吴启琳：《成寻渡海登陆杭州原因考——以〈参天台五台山记〉为中心》，《国家航海》2016年第2期。

王丽萍：《日僧成寻在宋追寻先人足迹考》，《浙江社会科学》2016年第12期。

古严州竹雨轩驿站：古人的慢生活

元至正十八年（1358），朱元璋率领部将攻打建德路（元代州治名称，属古严州，今属浙江杭州）。

张羽和徐贲两人都是文弱书生，因既不认同元政府的残暴统治，又不想加入朱元璋的队伍，只得匆匆离开建德，另觅他处安顿。他们计划从建德路出发，经梅城镇，顺着富春江一路去吴兴（今浙江湖州）的安定书院。

这日，两人行至建德路北郊，天空中又飘起细细密密的雨丝。不一会儿，那雨竟完全变了气势，劈头盖脸地向两人砸来。张羽和徐贲只得匆匆将船停靠在竹雨轩驿站避雨。

竹雨轩驿站位于建德路北部，处于建德路经杭州到吴兴的驿道上，一路还有不少渡口，是两人此次行程的必经之地。

徐贲与张羽都没想到会被突如其来的一场大雨困在竹雨轩中。徐贲顿时急得不行，烦躁地在屋子里走来走去；而张羽正静静站在北窗边，欣赏窗外清幽的景色。但他的平静心绪却不时被徐贲的脚步声搅乱，无可奈何，只得回头看了徐贲一眼，说："你急什么？下雨天，留客天，老天留我们在这竹雨轩，你着急也于事无补，不如就好好赏玩这胥溪风光。"

“罢了，罢了，你说得有理！”徐贲也走到窗边，和张羽一道品起雨景。

窗外是一片茂密的竹林。天色微暗，雨水隐隐透着光，窸窸窣窣地打在竹叶上，发出清灵的响声，洗得竹叶竹枝青绿葱茏。

竹林边是自西向东汇入富春江的胥溪。溪水清澈见底，映着碧绿的山色。溪面已经蒸腾起了薄薄的雾气。溪风吹散郁气，显得格外清爽。隔着溪水，隐隐能看到斜对岸的子胥野渡。伍子胥曾在这里隐居啊！

徐贲看着溪水，突然生出兴致，取来香炉，焚了冷梅香。在袅袅梅香中，他对着潺潺溪水和幽幽竹林弹奏起《潇湘水云》。而张羽则就着乐声，以《竹雨轩》为名，作了一幅画，还为这画题了一首诗：

竹里萧萧雨，轩中景自幽。
明珠当砌落，碧玉倚阑愁。
烟护常疑晚，风随镇似秋。
响分弦上度，色借画中浮。
翠叶濡偏重，琼林着更柔。
羽沾餐实凤，衣湿在林鸠。
嶰谷阴时觅，淇园暝处求。
青苔知渐厚，绿雾觉添稠。
截管情何及，题竿兴未酬。
阮生宜径造，着屐与谁游。

这雨水持续了一个下午，驿站中的琴声也一直没有停歇。

晚间，张羽、徐贲二人燃起灯烛，说起之后的行程。

“已经过了乌龙山、乌石滩和付家坞，对面正是子胥野渡。如果雨停了，明日一早出发，下午我们就能到严陵坞了。”张羽兴奋地说道。

“到了严陵坞，我们可以在那里停留两天。”徐贲语气平和。

“怎么？不急了？”

“严陵坞风光不错，大痴道人（即黄公望）隐居的大岭山也在附近，我们正好去看一看。”徐贲慢悠悠地说着，“这两天真是可惜了，竟没有去乌龙山走走，也没有亲眼见到乌石滩的鹿。倒是今晚的子胥野渡的鸭，味道还不错。”

“你转性子了？打算一路游玩过去？”张羽十分诧异。

“是这竹雨轩四周的竹子点醒了我，且你的诗里也说了竹林七贤之一的阮籍也曾于乱世之中安然出游！严子陵被光武帝刘秀再三盛礼相邀，不也仍坚持隐居在富春江吗？如果我只顾急匆匆地逃命，整日慌不择路，就大大辜负了富春江的一番美景。”徐贲面容沉静地回答道。

“正是如此！到了严陵坞，我们可以在那里效仿严子陵垂钓，还可以去看看刻有范仲淹写的《严先生祠堂记》的石碑。那句‘云山苍苍，江水泱泱；先生之风，山高水长’真是让人难忘啊！”张羽一脸向往。

“陆游的《鹊桥仙（其二）》中‘一竿风月，一蓑烟雨，家在钓台西住’和‘潮平系缆，潮落浩歌归去’这两句是真自在。”徐贲立马接道。

“张浚《过严子陵钓台二首（其一）》中有‘身安不羡三公贵，宁与渔樵卒岁同’，因他不自在，所以向往自在。”张羽叹了口气，接着说，“倒是李白的‘钓台碧云中，邈与苍岭对’，从这一路看来，应是照实写的。”

“这么仔细一说，向往这方山水的古人还真是不少。”徐贲皱眉沉思。

“他们是跟随着严子陵的脚步来的。严子陵隐居在富春江，如李白所说‘天子呼来不上船’，多让人向往！可世界上又有几个严子陵呢？只有一个。他们写严子陵钓台无非是借他人之酒浇自己胸中块垒罢了。哪个读书人不渴望齐家治国平天下呢？不能，只好纵情山水了。”张羽无奈苦笑。

“刻薄！难道就没有真喜欢山水的？富春江的美难道不足以让人向往吗？”徐贲诘问道。

“谢灵运倒是真爱这富春江的山水。他的山水诗常写的就是江浙一带的山水。那首《七里濑》‘石浅水潺湲，日落山照曜。荒林纷沃若，哀禽相叫啸’，便是七里泷一带的风光。我们接下来要走的路就会途径七里泷。”张羽喝了口茶，接着说道，“富春江沿线山清水秀，钟灵毓秀，本地的读书人也多，他们也是真喜欢这富春江山水的。像睦州诗派[1]的诗人，也写了不少赞美富春江山水的诗。这个诗派中的代表人物翁洮也是一名隐士，考中进士，后来却归隐，召而不赴。”

“睦州诗派的诗，你喜欢哪些？”徐贲继续问张羽。

“不说诗了，一晚上都在说诗，说说大痴道人吧！我们去大岭山游玩，你倒是可以在那儿画一幅墨竹图。”

①睦州诗派：睦州，今浙江桐庐、建德、淳安三地。南宋诗人谢翱为友人翁衡所编《睦州诗派》诗集作序，谓“自元和至咸通间以诗名凡十人……友人翁衡取十先生编为集，名曰睦州诗派”。

“大痴道人也是一名隐士啊！他是为这山水隐居在富春江的，他的画把富春江的魂画出来了。画墨竹，现在我心中只有这竹雨轩的竹啦！”

……

一夜秉烛谈话后，两人一路游山赏水，顺利到达吴兴，在安定学院做起教书先生。因太过喜爱江浙一带的山水，张羽还作了八首近体诗，合成《吴兴八景》。

明朝初年，张羽和徐贲两人都被朱元璋征召，无奈出仕。洪武十三年（1380），徐贲因“犒师不利”被处死。洪武十八年（1385），张羽投龙江而死。他们的灵魂回到自己喜爱的山水中了。

回到今天，竹雨轩驿站具体建于何时已无从考据，但它的特殊位置以及其周围环境的清幽注定使人们无法忘记它。今日的竹雨轩驿站已经成为闻名中外的“建德绿道”上的一景，每日都有无数游客前来观光打卡。

参考文献

叶老头：《浙江建德——绿道》，2018年5月8日，http://blog.sina.com.cn/s/blog_a0e5f28a0102xzqq.html。

乾隆御码头：消散在历史尘埃中的皇家风范

杭州是个奇妙的城市，它赫赫有名的那些景点总是满载诗情画意。例如驰名中外的“柳浪闻莺”“曲院风荷”“南屏晚钟”等，如果你不曾了解过，你永远也想不到它们竟然只是景点之名，而不是摘自某句讲究的诗词。

其中的“柳浪闻莺”，是被乾隆提名的西湖十景之一，也曾是南宋皇家御花园。之后随时代变迁，这座御花园变成杭州百姓的公园。花园西侧种植有大片柳树，东风一吹，它们的枝条就随风飘摇，拂向路人。走在这片柳林中，常闻莺啼婉转，叫声动人。就连北京的圆明园也曾效仿这江南园林的“早春三月桃水生，垂绦鹅黄弄水盈”。

杭州是江南水乡的代表，在任何一个时代都是吸引人的好地方。不只是文人墨客喜欢江南，帝王将相也喜欢来此吟风弄月。康熙的孙子乾隆，和他一样，也是个喜欢出巡，在金銮殿坐不住的人。康熙南巡了六次，乾隆也南巡了六次，而且阵容更大，天威更显。

起初，乾隆只是为了效仿祖父的功德，但十几年后，他才明白南巡实则劳民伤财，对军机章京吴熊光说：“朕临御六十年，并无失德。惟六次南巡，劳民伤财，作无益害有益。将来皇帝如南巡，而汝不阻止，必无以对朕。”其实，乾隆南巡并非全无益处，当年的旅程历经时间的洗涤，已然成为厚重的历史文化。乾隆与杭州的缘分便是如此。

他游览了西湖后，将这烟柳画桥的美景提炼成“西湖八景”，让江南园林的精致之美融入乾隆年间的流行风格。

乾隆第一次南巡在乾隆十六年（1751）。因为是第一次，他带着喜悦和好奇，提前一年就开始做准备，派亲王一人总理其事，所到之处，地方官员无不小心谨慎地办差接驾。

如今乾隆学自己的爷爷南巡，却并非私服出访、体察民情，而是极尽奢华之事——他派出去的亲王吩咐地方官员务求将南巡经过的地方整修得华美至极，沿途还要修行宫、搭彩棚、办酒筵……

就拿一个具体的事例来说，要是乾隆走水路，当地还要纷纷扩建河道来保证乾隆的船平稳前行。为了保证皇上上岸的时候平稳安全，各地官员开始加固码头。他们纷纷用最好的花岗岩做基石，用楠木大料做码头的支柱。京杭大运河上的码头更是需要翻修得气派华丽，相比于普通渡口，它们可谓是渡口中的精品工程。

第二年，乾隆御舟逐波，带着太后、皇后、妃子，从北京启程一路南下。其间巡游扬州、镇江、苏州，再到杭州整顿。首领太监吴书来一声“起驾”，乾隆一行就从塘栖一路向南，船队浩浩荡荡顺流而下，从远处看如同建在水中的楼阁。

皇帝早上刚一出发，杭州的大小官员就收到消息，马上开始按流程准备欢迎仪式，沿岸的人群渐渐热闹起来，迎接的官员百姓将运河两岸围得水泄不通，所有人都极目远眺。正午过后，天际开始出现一排黑点，乾隆爷的船队出现在杭州境内。围观的人群顿时欢腾起来，他们紧盯着河面上越来越近的御船。能看清那是两层带阁楼的大船，当船划近一些就能看见船上用黄巾做装饰，船尾插着旗，上面的团龙纹随风而现。再近一些，又能看清船脚侍卫短襟黄褂，腰间佩刀。众人像浪潮涌动一般，纷纷低头下跪，不敢直视龙颜，此起彼伏地三呼万岁。

群臣百姓膝首触地的声响仿佛还在回荡，人群也久久没有散去。或许正是千年前的情景，让人浮想联翩，才让今人对这码头有莫大的好奇。

其实历史学家对乾隆上下御船的“御码头”的具体位置有很大争议。有人说“柳浪闻莺”的御碑亭不是原址。

运河边的御码头

塘栖御码头

当年乾隆到杭州时登岸的地方，应该是在德胜路与运河交界处的霞湾桥西北堍一带，就是如今的霞湾公园和富义仓遗址之间。

如何推断这里就是曾经的御码头呢？这还要感谢当年的杭州官员，因他们想要极力讨好皇上，所以将此处码头整修得非常华丽气派。当年的花岗岩石料和楠木大料没有损坏，经过几番考证就找到曾经的码头在河边的基石。

御码头大概位于如今杭州的拱墅区，只不过那里原本就有两个码头，而且是两个御码头。一个属于宋高宗，一个属于清高宗。这两位皇帝不仅是所用码头距离近，而且极有缘分。

南宋时期，高宗偏安一隅，以杭州为都城。他修建的德寿宫在大内的北面，也被称作“北内”，他禅位后一直居住在里面。德寿宫华丽至极，将西湖美景尽揽其中，人工垒起飞来峰，引活水形成小西湖，高宗在此足不出户，也能一览湖山胜境。

时光轮回，到了清朝，清高宗乾隆也在杭州修建行宫，不偏不倚将自己的行宫修在了德寿宫的正上方。当地有传说，因为惊动赵构魂魄，他便化作无眼大鱼卧在行宫的莲花池中，之后被放生也引得江水波涛翻滚，十分骇人。

清朝史官还特地记载了拱墅的两个码头。旧御码头在今大关桥东的丽水路上，当时叫河塍。新御码头，据《湖墅小志》所载，是为了乾隆南巡特意新建的，当时的清朝官员在运河边的宝庆桥（今文一路与德胜路口）一带新造了这个迎驾的码头。

皇帝离开后，码头的盛况依旧不改。曾经留在此地的亭台楼阁和壮观的大船还有别的用处。因为这样的装饰过于华丽，远远看去就像是建在水中的楼阁，这里也被百姓称为“湖墅”。每当太阳西斜的时候，这里的景象别有一番风味。所以有商人看准了商机，将此地变为

鸟瞰富义仓全景

风尘场所，让很多娇艳的女子，坐在船头招揽生意。这些女子个个颇有姿色，精心打扮，坐在一起便更加夺目，从码头上走过，看起来十分养眼，遂成一道风月景。

光绪年间有一个文人，他和自己的好友都极喜西湖，他又是本地人，不忍心故乡历史风俗随时间消失，说了一句：“吾人生同里党，而忍令老辈典型、故乡风土听之销沉可乎？”于是他开始研究湖墅景观，写了一本《湖墅小志》，他希望到这里游玩的人，看了自己写的书，关于这里的一切都了然于胸。他还自拟了新的“湖墅八景”。

那个时候，拱墅往来商船已络绎不绝，原本的寥寥灯火已经发展成万家灯火。因此高鹏年将原来的八景之一“江桥暮雨”改为了“江桥渔火”，还把此地秦楼楚馆的旖旎风光列在首位，取名为“马头春色”。乾隆这位文艺皇帝肯定料想不到，他的南巡之行无形中还为此段运河带来如许风流往事。

回到现代，我们靠着科技的力量弥补文字考据的不足，同时开始复建杭州的御码头。因为复建的选址既要遵循史实，又要考虑地理条件，所以杭州将御码头的御碑亭放在西湖岸边和霞湾公园。实际上南薰轩的歇山顶穿梁式结构和碑亭的单边六角重檐结构，都是杭州最具特色的园林风格和营造结构。

歇山顶穿梁式结构有十一条脊：一条正脊、四条垂脊、四条戗脊、两条博脊。这样的屋顶，角度更倾斜，梁更窄，使得房屋外形的棱角更温润。重檐亭深得乾隆皇帝喜爱，所以他在故宫也修了一座重檐亭。因为亭子的屋檐从上向下看形似一朵梅花，所以也有人称它为“梅亭”。

正是杭州这样小巧精致的风格，让看惯了辉煌宏伟的紫禁城的乾隆皇帝，被这温润精妙的景致迷倒。完工后的御码头南与规划中的左侯亭和韩世忠雕像为邻，西与大型水上建筑“乾隆舫”呼应，北与香积寺、大兜路民俗风情街一水相依。

20世纪，德胜坝码头的风头一时无两，似乎掩盖了曾经御码头的光芒。运河西岸，除了新码头一段就是细沙遍布的河滩，只有古新河口黑桥往北近百米的那段格外引人注目。那里全是规格一致的石料，每张青石又大又齐整，十分气派。虽然有不少地方已经坍塌了，但依然能看出这种形制石头的使用者非富即贵。有人曾请教过居住在那里的老人，老人们说那里就是乾隆皇帝到访杭州登岸的地方。

如今乾隆御码头已经重建。夜幕降临，公园中的风景独自映着现代的灯火，和孤山上的灯光呼应，书写着“御码头”的旌旗看起来有些孤独了。不过虽然当年的主人公走了，码头却仍旧保留了下来，那一代又一代的人看见这江南烟雨美景时的欣慰和感动也久久流传。

参考文献

中华书局：《清实录》，中华书局，2008年。

丛书编辑部

艾晓静　包可汗　安蓉泉　李方存　杨　流

杨海燕　肖华燕　吴云倩　何晓原　张美虎

陈　波　陈炯磊　尚佐文　周小忠　胡征宇

姜青青　钱登科　郭泰鸿　陶文杰　潘韶京

（按姓氏笔画排序）

特别鸣谢

仲向平　方龙龙　盛久远（系列专家组）

魏皓奔　赵一新　孙玉卿（综合专家组）

夏　烈　沈　勇（文艺评论家审读组）

供图单位和图片作者

杭州市园文局

叶志凤　刘浩源　孙　凯　李仁华　姚建心

蔺富仙（按姓氏笔画排序）